Maximilian Zimmermann

Der Bienenfreund vom Glan

Maximilian Zimmermann

Der Bienenfreund vom Glan

ISBN/EAN: 9783742896865

Hergestellt in Europa, USA, Kanada, Australien, Japan

Cover: Foto ©Lupo / pixelio.de

Manufactured and distributed by brebook publishing software
(www.brebook.com)

Maximilian Zimmermann

Der Bienenfreund vom Glan

Der
Bienenfreund vom Glan.

Der Mensch als Herr der Biene,

oder

die Quintessenz der Bienenzucht,

von

Maximilian Zimmermann,
Lehrer in Lauterecken.

Zweite umgearbeitete Auflage,
revidirt von

Georg Kleine,
Pfarrer zu Lüethorst in Hannover.

Mit 25 Abbildungen.

Nördlingen.
C. H. Beck'sche Buchhandlung.
1867.

Den deutschen Imker-Vereinen

in Liebe gewidmet

vom Verfasser.

Vorrede
zur ersten Auflage.

Es wurde — und wird heutzutage noch so viel über Bienenzucht geschrieben, daß man mit Recht Bedenken tragen sollte, hierüber noch etwas zu schreiben, und wer erst die ausgezeichneten Schriften eines Dzierzon, eines Huber-Kleine, eines v. Berlepsch, sowie die Eichstädter Bienenzeitung kennt, der wird sich wohl eines leisen Lächelns nicht enthalten können, wenn er des jungen Bienenfreundes vom Glan mit seinem Aushängeschild ansichtig wird!

Dieses Schriftchen ist allerdings auch nicht für solche Bienenfreunde geschrieben, die sich mit dem Studium obiger Schriften befassen, sondern nur für solche, die noch dem alten Schlendrian der Bienenzucht dienen, oder für solche, denen es an Mitteln und Zeit fehlt, sich die erwähnten Werke zu kaufen und zu studiren. Kann dasselbe diesen Letzteren dienen, dann ist sein Zweck erreicht. —

Wie kein Bienenbuch für alle Gegenden paßt, so auch dieses Schriftchen nicht. Dasselbe ist geschrieben für die Gegend am Glan und für alle diejenigen Gegenden, in denen der Bienen Haupttrachtzeit vor Johanni fällt.

Wenn auch Manches in diesem Schriftchen enthalten ist, was sich in den Schriften der obgedachten deutschen Bienenmeister vorfindet, so gründet sich dasselbe dennoch durch und durch auf mehrjährige, eigene, praktische Erfahrungen, die den Verfasser oft theuer zu stehen kamen. Alle Rathschläge, welche derselbe ertheilt, beruhen auf Selbsterlebtem, sind treu und wahr, weßhalb der angehende Bienenzüchter unbedingt darnach verfahren kann, ohne sich in der Hauptsache getäuscht zu sehen. Es hätte zwar hier auch, ähnlich wie in andern Bienenbüchern noch manches Selbsterlebte aufgenommen werden können, allein der Bienenfreund ist der Ansicht, angehende Bienenzüchter nur nicht mit zu Vielerlei und was die Hauptsache ist, mit nichts Unpraktischem irre zu leiten, so daß sie die Hauptsache nicht herausfinden. Der Bienenfreund vom Glan will seinen Lesern nur die Quintessenz, d. h. das Beste in der Bienenzucht darbieten. Wenn nun auch feststeht, daß viele Bienenfreunde die Bienen nur zum Vergnügen halten, so gibt es aber auch nicht wenige, die sie zu einem Erwerbszweig machen. Der Bienenfreund vom Glan ist kein vom Glücke begünstigter Mann und muß daher neben seiner Vorliebe zur Biene, deren Zucht zugleich als einen Nebenerwerb treiben. Er hat dabei die Erfahrung gemacht, daß man auch in einer schlechtern Bienengegend aber bei einer vernünftigen, d. i. rationellen Zucht der Biene, immerhin sich etwas verdienen kann. Derselbe ist zwar mehrere Jahre lang mit der Stange im Nebel herumgefahren, bis er das Beste in der Bienenzucht gefunden hat; doch er hat's gefunden, und wie man sagt „alle guten Dinge sind drei," so auch bei der Bienenzucht: „Große Bienenwohnungen, starke Bienenvölker, reicher Honigvorrath für den Winter!"

Wer es mit diesen dreien Dingen hält in seiner Bienenzucht, dem wird sie nur Gewinn bringen. Der Bienenfreund
vom Glan hat dies im Vorjahre erlebt, indem er von zehn
Bienenstöcken einen Reinertrag von 90 fl. erzielte.*)

Größer jedoch, als der pekuniäre Nutzen, den eine rationelle Bienenzucht bringt, ist der moralische. Die Arbeit-
samkeit, die Ordnungsliebe und Reinlichkeit, die Sparsamkeit,
der Muth, mit dem die Bienen ihr Eigenthum beschützen,
ihre Liebe und ihr Gehorsam zur Königin, die Kunst in
der Anlage und Ausführung ihres Baues und die vielen
wundervollen Erscheinungen, die uns in einem Bienenstaate
begegnen, fesseln unsere Aufmerksamkeit immer mehr und
erheben das Herz zur Verehrung des weisen Schöpfers!

Möge der Bienenfreund vom Glan mit Liebe aufgenommen werden und sein Schärflein zur Verbreitung der
rationellen Bienenzucht beitragen!

Lauterecken im Juni 1862.

Maximilian Bimmermann.

---

*) Im Jahre 1865 gewann er von 2 Völkern ein
drittes und einen Centner Honig.

Vorrede
zur zweiten Auflage.

Der Bienenfreund vom Glan ist in den verschiedenen Beurtheilungen, die er hervorgerufen hat, als ein vortreffliches Lehrbuch für alle diejenigen empfohlen worden, welche Bienenzucht in honigarmen Gegenden betreiben und sich mit den dazu erforderlichen Kenntnissen in der Kürze ausrüsten wollen.

Mehr noch als dadurch hat sich der Werth des Werkchens durch das rasche Vergriffenwerden der ersten Auflage und die fortdauernden nicht zu befriedigenden Nachforderungen desselben bekundet.

Warum denn aber ließ eine zweite Auflage so lange auf sich warten?

Der Grund ist ein schmerzlich erschütternder. Der Verfasser war theilweise seines Augenlichts beraubt worden und harrte vergebens seiner Genesung entgegen, um seine Arbeit einer sorgfältigen Durchsicht zu unterwerfen, ohne welche sie nicht von neuem den Bienenfreunden entgegentreten sollte. Diesen Wunsch mußte der schwer Geprüfte indeß mit der verlornen Hoffnung auf Wiedergewinnung des edelsten Sinnes

dahingeben. Im alten Gewande aber sollte nun einmal sein
geistiges Lieblingskind nicht wieder in die Welt hinaustreten,
denn es gab daran nach seiner vorgefaßten Meinung hier
und dort etwas zu ändern und auszubessern. Die Sorge
dafür mußte er in fremde Hände legen, wie ungern er sich
dazu auch verstehen mochte.

So geschah's, daß ich mit der Herausgabe der zweiten
Auflage des Bienenfreundes vom Glan betraut wurde. Ob=
gleich mir's bewußt war, daß manch Anderer weit geeigneter
gewesen sein würde, diese Aufgabe zu lösen, so wollte ich
doch das mir geschenkte, ehrende Vertrauen nicht täuschen
und habe mich darum derselben freudig unterzogen. Bei
sorgfältiger Prüfung des Werkchens wurde es mir aber mit
jeder Seite immer klarer, daß der Verfasser sein Ziel von
Anfang bis Ende fest im Auge gehalten hatte, dem Anfän=
ger in der Bienenzucht ein zuverläßiger Führer sein, ihn
nur mit dem Unentbehrlichen bekannt machen, von diesem
aber auch nicht das Unbedeutendste fehlen lassen zu wollen,
so daß er eines andern Rathes nicht bedürfen sollte. Ich
ging darum nur mit Widerstreben daran, hie und da gering=
fügige Zusätze zu machen, aus Furcht, dadurch dem Ganzen
eher zu schaden als zu nützen; kleine Unebenheiten suchte ich
auszugleichen, Verbesserungen gab's kaum zu machen. Das
Werk in seiner Eigenthümlichkeit zu beeinträchtigen, davor
habe ich mich gewissenhaft gewahrt und glaube, mir dadurch
den Dank aller gesichert zu haben, welche den Bienenfreund
vom Glan sich zum Führer auf ihrer Imkerbahn erkiesen
werden.

Ich wünsche, daß vorliegendes Werkchen auch in dieser
zweiten Auflage dieselbe freundliche Aufnahme finden möge,
die ihm in der ersten zu Theil geworden. Geschieht das,

woran ich nicht zweifle, so wird es wesentlich dazu beitragen, daß eine rationelle Bienenzucht immer festeren Boden gewinne und wenn dem Verfasser diese Ueberzeugung in die Hand gegeben wird, so wird sein umnachteter Blick noch einmal in dem fröhlichen Bewußtsein sich erhellen, daß sein Streben, etwas Nützliches zu wirken, nicht ohne Erfolg geblieben sei.

Lüethorst, Ausgangs Mai 1866.

G. Kleine.

Inhalts-Uebersicht.

———

I. Genossenschaftsleben der Bienen.

In einem zur vollkommenen Entwicklung gelangten Bienenvolke gibt es drei von einander wesentlich unterschiedene Bienenwesen, die Königin, die Arbeiter und die Drohnen.

a. Die Königin.

Die Königin ist das einzige vollkommene Weibchen in einem Bienenvolke. Sie legt sowohl zu den Arbeitsbienen als zu den Drohnen alle Eier. Die Königin wird von einer Drohne außerhalb der Wohnung, also in der Luft, befruchtet. Bei der Befruchtung der Königin wird die Samentasche derselben mit dem Samen der Drohne gefüllt. Der Same bleibt dort aufbewahrt und befruchtet das einzelne Ei in dem Augenblicke, wo es beim Absetzen an der Mündung der Samentasche vorbeigleitet. Die Befruchtung der Königin geschieht nur einmal für ihr ganzes Leben und sobald sie das Eierlegen begonnen hat, verläßt sie nie mehr den Stock, außer beim Schwärmen. Bleibt eine junge Königin unbefruchtet, so legt sie wohl auch Eier, aus denen sich aber nur Drohnen entwickeln. Nur eine befruchtete Königin ist im Stande Eier zu legen zu allen drei Bienenwesen. Kann demnach eine junge Königin aus irgend einem Grunde nicht ausfliegen, oder sind zur Zeit ihrer Befruchtungsausflüge keine Drohnen vorhanden, so bleibt sie unfruchtbar, oder legt nur Drohneneier. Eine solche drohnenbrütige Königin legt ihre Eier regelmäßig in kleine, d. h. Arbeitsbienenzellen. Die Arbeiter erhöhen die Deckel der kleinen Zellen, in denen Drohnenmaden sind und man nennt solche hervorstehende Brut, Buckelbrut. Verliert ein Bienenvolk aus irgend einer Ursache seine Königin, z. B. bei dem Befruchtungsausfluge oder aus Altersschwäche, so nennt man es weisellos.

Ein weiselloses Volk baut in der Regel keine Waben. Kann einem weisellosen Volke keine andere Königin, oder taugliche Brut zu einer solchen gegeben werden, bleibt es also längere Zeit weisellos, so kommt es öfter vor, daß sich eine Arbeitsbiene gleichsam als Königin aufwirft und Eier legt. Eine eierlegende Arbeitsbiene heißt Aftermutter und legt ihre Eier in Drohnenzellen, aber nicht in geschlossenem Verbande, bei zusammen geschmolzener Volkszahl auch wohl mehrere in eine Zelle.

Verliert aber ein Volk seine Königin zu einer Zeit, wenn im Stocke Eier oder Maden zu Arbeitsbienen vorhanden sind, so sind die Arbeiter im Stande, sich eine junge Königin nachzuziehen. Sie wählen dazu Zellen, in denen Eier oder unbedeckte Maden liegen, erweitern diese Zellen und verlängern sie in Form einer Eichel. Man pflegt diese Art Weiselzellen Nachschaffungszellen zu nennen zum Unterschiede von denen, welche die Bienen behufs Aussendung von Schwärmen anlegen und die Schwarmzellen heißen. Bevor die Zelle mit einem Deckel geschlossen wird, versehen die Arbeitsbienen die königliche Made mit Futterbrei; geben ihr aber mehr und besseres Futter, als einer gewöhnlichen Bienenmade. Solche Königszellen werden von starken Völkern in einer Anzahl von 10 bis 20 erbaut, aus Vorsorge, ja eine Königin zu bekommen. Diese Zellen hängen meistens an den Rändern der Waben. Siehe Fig. 1. a. b.

Fig. 1. a. b.

Fig. 1.a

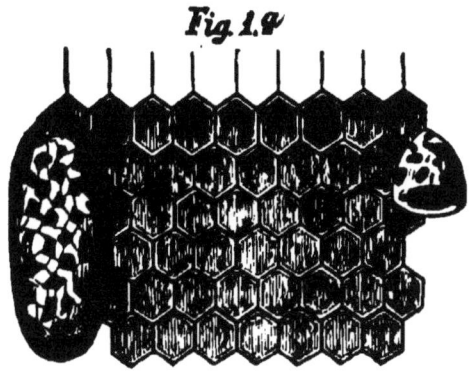

a. ſtellt ein Wabenſtück dar mit einer geſchloſſenen unb einer angefangenen Weiſelzelle.

Fig. 1 b

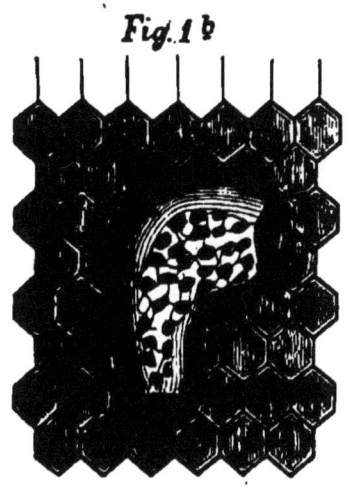

b. ſtellt ein Wabenſtück dar mit einer Weiſelzelle, die noch nicht geſchloſſen iſt. Zugleich zeigt dieſe Figur, wie ich eine Weiſelzelle ausſchneide, um dieſe einem weiſelloſen Stocke einzufügen.

Die Zeitdauer, in ber ſich eine Königin entwickelt, wirb in Huber-Kleine alſo angegeben: Daß Ei entwickelt ſich binnen 3 Tagen zur Made, die Made bleibt 5 Tage offen in der Zelle. Nach diesen 8 Tagen verschließen die Bienen die Zelle. Die Made beginnt sogleich ihr Gespinnst, was 24 Stunden erfordert. Den 10ten und 11ten Tag, auch noch 16 Stunden am 12ten, verharrt sie in einer vollständigen Ruhe; dann verwandelt sie sich in eine Nymphe und verbringt 4½ Tag in dieser Gestalt. Eine Königin braucht also vom Ei an gerechnet zu ihrer vollkommenen Ausbildung 16 Tage. Die Befruchtungsausflüge beginnt die Königin etwa vom 3ten Tage an, nachdem sie die Wiege verlassen hat. Etwa 3 Tage nach der Begattung fängt die Königin an Eier zu legen.

Zur Zeit der stärksten Eierlage, also kurz vor der Schwarmzeit, bei günstiger Witterung und reicher Tracht legt eine gute Königin in 24 Stunden oft bis gegen 3000 Eier. In volkreichen Stöcken mit reichem Honigvorrath beginnt die Eierlage öfter schon im Januar, nimmt mit dem Eintritte der wärmeren Jahreszeit und reicherer Honigquellen immer mehr zu und steigert sich bis zur angegebenen Höhe. Nach der Trachtzeit und gegen den Herbst hin, nimmt die Eierlage immer mehr ab und in den Monaten November und Dezember, bei schwächern Völkern noch länger, hört dieselbe ganz auf. Die Königin ruht in dieser Zeit aus; überhaupt ist die Thätigkeit des ganzen Volkes auf 0 herabgesunken. Das Alter der Bienenkönigin wird auf 4 bis 5 Jahre angegeben. Mit dem Alter derselben nimmt gewöhnlich die größere Fruchtbarkeit ab, und oft legt eine alte Königin gar keine Eier mehr, oder nur solche zu Drohnen, daher man stets auf junge, fruchtbare Königinnen Bedacht nehmen muß.

Eine Königin hat, wie alle Bienen, 6 Füße, 4 Flügel, 2 Haupt- und 3 Nebenaugen. Ihr Körper ist, wie bei den Arbeitern und Drohnen, durch starke Einschnitte in 3 Theile getheilt: Kopf, Brust und Hinterleib.

Fig. 2. a. b.

Fig. 2. a. zeigt eine Königin zur Zeit der stärkeren Eierlage, in den Monaten Mai und Juni. Ihr Leib ist dann auffallend dick und ihr Gang schwerfällig.

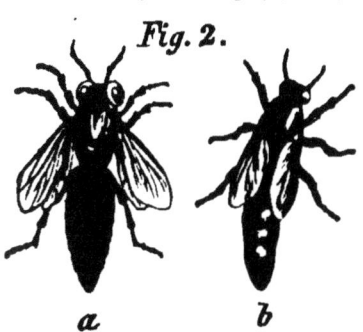

Fig. 2.

a   *b*

Fig. 2. b. zeigt eine Königin, die mit der Eierlage noch nicht begonnen, oder auch, die damit aufgehört hat. Ihr Körper ist schlanker und die Bewegung eine viel schnellere als bei Fig. 2. a.

Die Königin zeichnet sich vor den Arbeitsbienen durch ihren längern, schlankeren und glätteren Körper aus. Sie hat höhere und gelbere Füße, einen längern und spitz aus= laufenden Hinterleib, so daß ihre Flügel kurz erscheinen und denselben nur halb bedecken. Im Allgemeinen ist die Farbe der Königinnen auch eine hellere, mehr gelbliche, besonders die Bauchringe, so daß eine Königin leicht von den Arbeitern zu unterscheiden ist. Der Königin fehlen die Schaufeln an den Füßen, weil sie nicht zum Einsammeln bestimmt ist. Sie hat einen langen, gebogenen Stachel, den sie aber nie gegen Menschen oder Feinde gebraucht, sondern nur gegen ihres Gleichen. Sobald die jungen Königinnen aus ihren Zellen hervorgegangen sind, beginnen die Kämpfe um die Allein= herrschaft. Mehr als eine Königin wird im Stocke nicht geduldet, sei es nun, daß die überzähligen Königinnen mit den Schwärmen ausziehen oder auch, daß sie von der zur Herrschaft gelangten Königin, oder von den Arbeitern um=

gebracht werden. Zu dieser Zeit hört man, besonders Abends und Morgens, die jungen ausgeschlüpften Königinnen tüten, die reisen, noch nicht ausgeschlüpften quacken und man nimmt an, es geschehe dies aus Angst oder Eifersucht.

Die Königin wird von den Arbeitern mit Speisebrei und geläutertem Honig gefüttert, weßhalb sie auch nie an der Ruhr leidet, selbst wenn das ganze Volk von dieser Krankheit befallen ist. Die Königin thut nichts ohne das Volk, das Volk nichts ohne die Königin. Das Volk und die Königin wirken stets in einem Geiste. Welches schöne Bild für die Familien sowohl, als auch für die staatlichen Verhältnisse!

Treue, Fleiß und Liebe, dies sind die Eigenschaften der Biene, durch die sie viele Menschen in Familie und Staat beschämt. Gewiß, wenn in allen Familien auf diese 3 Eigenschaften, auf Reinlichkeit und Ordnung soviel gehalten würde, wie in einem Bienenhaushalt, wir hätten nicht so viele unglückliche, eheliche Verhältnisse zu beklagen. Einen Staat, in welchem alle Unterthanen von Treue, Fleiß und Liebe, von Muth und Entschlossenheit, von treuer Hingebung für den Landesvater durchdrungen wären und dieser von gleichen Tugenden für sein Volk glühete, ähnlich wie in einem wohlgeordneten Bienenstaate, ja, einen solchen Staat könnte man glücklich preisen! —

b. Die Arbeitsbienen.

Die Arbeitermade. Drei Tage Ei, 6 Tage Made; nach Verlauf dieser Zeit verschließen die Bienen ihre Zelle mit einem Wachsdeckel. Jetzt beginnt die Made ihr Seidenhemdchen zu spinnen und verwendet auf diese Arbeit 36 Stunden. Drei Tage später verwandelt sie sich in eine Nymphe und bringt 7½ Tag in diesem Zustande zu, gelangt also zu dem Stande einer ausgebildeten Biene erst mit dem 21sten Tage, von dem Augenblick an gerechnet, wo das Ei gelegt ist.

Die Arbeiter, auch Werkbienen genannt, haben ihren Namen davon, weil sie alle Arbeiten in einem Bienenhaus= halte verrichten. Man kann dieselben während des Som= mers täglich auf jeder Blume beobachten. Die Arbeiter ha= ben große Aehnlichkeit mit der Königin. Ihr Hinterleib je= doch ist viel kürzer, so daß er von den Flügeln fast ganz bedeckt wird. Der Geruchs= und Gefühlssinn ist bei den Bienen am meisten ausgebildet. Beweise dafür sind, daß sie Honigsäfte stundenweit aufsuchen und den Wabenbau im Dunkel des Stocks aufführen.

Fig. 3.

Fig. 3.

Eine Arbeitsbiene. Die Arbeits= bienen machen bei Weitem die große Mehrzahl in einem normalen Bienenstaate aus. Je nach der Stärke eines Bienen= volkes befinden sich in einem Stocke 2 Tau= send bis 60 Tausend Arbeitsbienen. Im Winter sind sie die alleinigen Beschützer der Königin und tritt Hungersnoth oder Kälte ein, so opfern sich gewiß erst die treuen Kinder, ehe sie die Mutter in Gefahr und Todesnoth kommen las= sen. Geht ein Bienenvolk durch irgend eine Ursache zu Grunde, und bleiben nur 100 Bienen am Leben, so befin= det sich die Königin in den meisten Fällen noch unversehrt in ihrer Mitte.

Die Arbeiter eines Bienenstaates theilen sich gleichsam in ein Ministerium des Innern und des Aeußern, denn sie sind es, die alle Arbeiten, die Eierlage ausgenommen, so= wohl in, als außerhalb der Wohnung besorgen. Sie säu= bern die Wohnung von allen Unreinigkeiten, von Holz=

und Strohfasern, verkitten die Ritze der Wohnung gegen
Motten und Zugluft, schaffen das Gemülle und die Todten
heraus, bauen die Zellen, erwärmen, füttern und bedeckeln
die Brut, bewachen den Stock gegen Feinde und vertheidigen
ihn gegen Räuber; schaffen die in ihrem Haushalt nöthigen
Materialien herbei, als: Honig, Blumenstaub, auch Pollen
genannt, Wasser, Kitt oder Harz, auch Propolis geheißen.
Die innern oder häuslichen Geschäfte in einem Bienenstock
besorgen die jüngern Bienen, als Wachsbereitung, Zellen=
bau, Füttern der Brut und Bedeckelung des Honigs und der
Brut. Die äußern Geschäfte, als: Herbeischaffung der nöthi=
gen Materialien werden von den älteren Bienen besorgt.
Die Sammlerinnen setzen die eingetragenen Schätze an Ho=
nig und Blumenstaub in die leeren Zellen ab, um immer
wieder aufs Neue einzutragen, während deß die jüngeren
Bienen die inneren Geschäfte besorgen, eine ziemliche Menge
Blumenstaub und verdünnten Honig in sich aufnehmen und
bei einem höhern Wärmegrad die Verdauung und Verwand=
lung dieser Materialien in Futterbrei und Wachs abwarten
müssen. Das Wachs besteht also aus Blumenstaub und
Honig. Die Bienen schwitzen das Wachs in feinen Blätt=
chen durch die Ringe des Hinterleibes aus. Man kann das
Wachs das Fett der Bienen nennen. Das Blumenmehl
bringen sie in Klümpchen an den Hinterfüßen hängend, die
man Höschen nennt. Der Blüthenstaub macht einen Haupt=
bestandtheil des Futterbreies aus. Um ein Pfund Wachs zu
erzeugen, müssen die Bienen etwa 10 Pfund Honig verzehren.
Daraus wird jedem Bienenzüchter erhellen, daß es in Bezieh=
ung auf die Honiggewinnung sehr nachtheilig ist, die Bienen
unnütz bauen zu lassen. Die mit den häuslichen Arbeiten be=
schäftigten Bienen umgeben beständig die Königin, während
deß etwa 3 Theile der Arbeiter mit dem Einsammeln auf
den Fluren beschäftigt sind. Durch die italienische Biene ist
vollkommen erwiesen, daß zur Zeit der größten Thätigkeit

im Bienenvolke, die Arbeiter nur 2 bis 3 Monate alt wer=
den, während dem sie zur Zeit der vollkommenen Ruhe, also
im Spätherbst und Winter 9. Monate leben.

Die Arbeiter genießen Blumenmehl und Honig, im
Winter wohl auch öfter nur reinen Honig. Königinnen und
Drohnen bedürfen wie die Arbeitsbienen ebenfalls einer stick=
stofffreien und stickstoffhaltigen Nahrung. Die letztere wird
ihnen zum Ersatz des Blumenstaubes von den Arbeitern im
Speisebrei gereicht, während sie die erstere im Honige finden,
den beide aus den Zellen schöpfen, die Königin vorzugsweise
aber von den Arbeitsbienen empfängt. Immer wieder sehen
wir die weise Einrichtung des Schöpfers! Im Sommer hat
es bei den Arbeitern wenig zu sagen, wenn durch den Genuß
von Pollen und ungeläutertem Honige mehr Unrath in ihren
Leibern erzeugt wird, weil sie sich bei ihren täglichen Aus=
flügen desselben entledigen können; im Winter hingegen,
wann sie dieses nicht können, verzehren sie reinen Honig
und es darf zu dieser Zeit deßhalb auch nur solcher gefüt=
tert werden, während man zur Zeit, wenn die Bienen aus=
fliegen können, jedwelche Honigsäfte ohne Nachtheil füttern
kann.

Die Werkbienen sind unausgebildete Weibchen, denn
aus jedem Ei, oder auch aus jeder noch unbedeckelten Made
zu Werkbienen kann eine Königin entstehen. Die Arbeiter
sind einer Befruchtung nicht fähig, indem ihnen das Bläs=
chen fehlt zur Aufnahme des männlichen Samens und ihr
Leib auch augenfällig zu enge ist, um den Begattungsakt
vollziehen zu können. Die Anlage aber zu diesem Bläschen
und einem Eierstocke haben alle Arbeiter und weil die in
ihren Eierstöcken vorhandenen Eikeime durch überreiche stick=
stoffhaltige Ernährung zur Entwickelung hingeführt werden
können, so ist es öfter der Fall, besonders in weisellos ge=
wordenen Mutterstöcken und Nachschwärmen, daß eine Ar=
beitsbiene eierlegend auftritt. Eierlegende Arbeitsbienen setzen

ihre Eier, wenn Drohnenzellen im Brutlager vorhanden sind, in diese ab, in Arbeiterzellen aber nur dann, wenn keine Drohnenzellen vorhanden sind; auch setzen sie in angefangene Weiselwiegen Eier ab, in allen Fällen aber entwickeln sich aus ihren Eiern nur Drohnen, weil sie nicht befruchtet sind.

Die Arbeiter sind mit einem Stachel versehen und sind sehr geneigt, sich dessen zu bedienen. Ein Mittel gegen den Bienenstich kenne ich aus meiner Praxis nicht. Ich schwoll in den ersten Jahren meines Bienenzuchts-Betriebs, so oft ich gestochen wurde, unmenschlich an, weßhalb ich alle in Bienenbüchern angerathenen Mittel gegen die Folgen des Bienenstichs anwendete, allein keines derselben verhütete die Geschwulst. Erst als ich mehrere Jahre lang von den Bienen recht tüchtig gestochen war, da konnte ich merken, daß mein Blut ruhiger und daher weniger empfindlich gegen den Bienenstich war.

Werde ich jetzt gestochen, so kratze ich möglichst schnell den Stachel weg und reibe die Stelle mit meinem alten Rocklappen tüchtig ab. Oefter haben jetzt Bienenstiche bei mir gar keine Folge mehr und wenn, so ist die Geschwulst unbedeutend und von kurzer Dauer. Vorsicht thut übrigens immer Noth. Man stelle sich daher nicht in den Flug der Bienen; nehme keine Arbeiten am Bienenstocke vor, wenn man erhitzt und in Schweiß ist; verhüte das Klopfen und Poltern am Bienenstocke, überhaupt alle Erschütterungen in der Nähe des Bienenstandes. Habe ich eine Operation am Bienenstocke zu machen, so nehme ich eine gewöhnliche kurze Tabakspfeife mit einem blechernen Deckel, der in ein handlanges Röhrchen ausläuft und betäube die Bienen etwas; verfahre ich bei dem Oeffnen der Wohnung gelinde und bei der Arbeit ruhig, aber möglichst schnell, so geht meistens Alles gut von statten, ohne daß ich von Stichen besonders belästigt werde.

Fig. 4.

Eine Bienenpfeife. Die Zeichnung bedarf keiner
weiteren Erklärung. Diese Pfeife eignet sich ganz besonders
um den Rauch an jede beliebige Stelle des Bienenstockes
zu blasen; überdies kann ich dieselbe während des Gebrauchs,
mit dem Munde bequem halten und meine beiden Hände
am Bienenstock arbeiten lassen.

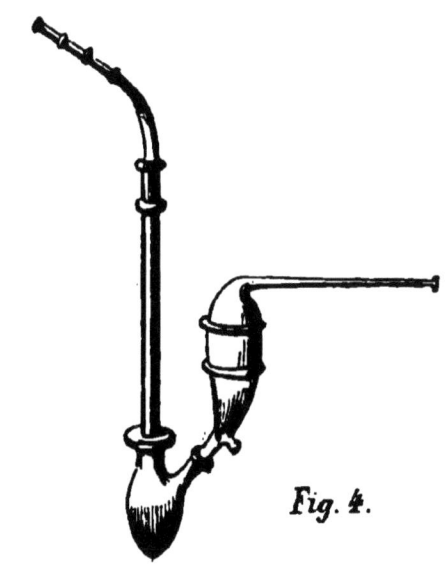

Fig. 4.

o. Die Drohnen.

Die Drohnen sind vor den zwei beschriebenen Bienenwesen dadurch kenntlich, daß sie einen dickern, hinten abge-
stumpften und stark behaarten Körper haben. Ihr Kopf ist
dicker und abgerundet, ihr Saugrüssel kurz, da sie den Honig
nicht aus den tiefern Kelchen der Blumen des Feldes, sondern nur aus den gefüllten Honigtafeln in der Wohnung
zu holen brauchen. Im Fluge sind sie leicht vor den Arbeitern zu erkennen durch den stärkeren, tiefern und mehr
bröhnenden Ton ihrer Flügel. Der Hauptunterschied aber

ist, daß sie keinen Stachel haben wie die Arbeitsbienen, folglich auch nicht stechen können. Die Drohnen entstehen aus un=befruchteten Eiern, welche in einem normalen Bienenvolke von der Königin gelegt werden, wie dies bereits unter a bei der Königin bemerkt wurde.

Die Drohnenmade. Drei Tage als Ei, 6½ Tage als Larve. Sie verwandelt sich erst am 24sten Tage in eine ausgebildete Drohne, von dem Tage des gelegten Eies an gerechnet.

Fig. 5.

Fig. 5.

Eine Drohne. Die Drohnen wurden früher allgemein und heute noch bei den Bienenhal=tern alten Schlages Brutbienen genannt, weil man annahm, ihre Bestimmung sei die Brut zu erwärmen. Allein wie un=passend diese Benennung und wie irrig dieser Glaube ist, wird jedem denkenden Bienenfreund daraus erhellen, daß ja zur Zeit, wenn die junge Brut eines Bienenvolkes Wärme bedarf, wie z. B. von Januar bis Mai, keine Drohnen vor=handen sind, höchstens nur einzelne, während sie erst dann erbrütet werden und erscheinen, wenn in und außerhalb des Bienenstockes eine hohe Temperatur herrscht und die Brut so zu sagen von selbst ausläuft. Gott hat alle Thiere als Männchen und Weibchen erschaffen, folglich auch die Bienen. Die Drohnen sind die Männchen im Bienenvolke und haben keine andere Bestimmung, als die jungen Königinnen außer=halb der Wohnung, hoch in der Luft zu begatten. Halten wir alles hierher Gehörige zusammen, so finden wir, daß das Gesagte Wahrheit ist und erkennen zugleich dabei die Weisheit Gottes. Bei der Begattung besteigt die Königin die Drohne, die Geschlechtstheile der Drohne müssen deßhalb nach aufwärts springen, wie wir uns hievon bei dem Druck einer Drohne in die Seiten überzeugen können. Da nun, wie gesagt, die Begattung hoch in der Luft geschieht und die Königin eine Drohne aufsuchen muß, um befruchtet zu werden, so hat der Schöpfer es so eingerichtet, daß viele Drohnen erbrütet werden, jedoch nur zur Schwarmzeit, also wenn die jungen Königinnen zu befruchten sind. Gott hat es ferner angeordnet, daß die Drohnen einen stark bröhnenden Ton von sich geben und daß sie nur zur wärmeren Tageszeit, also zugleich wenn junge Königinnen ihre Begattungsausflüge halten, — ausfliegen, weil sonst eine nach Begattung ausfliegende Königin, wenn nur wenige Drohnen vorhanden wären und sie sich nicht überhaupt schon durch ihren stärkeren Ton unterschieden, im weiten Luftkreise nur selten, oft gar nicht zur Befruchtung kommen würde. Beweise hiefür haben wir, denn wie oft kommt es vor, daß junge Königinnen im Herbst und Frühjahr, wenn nur wenige Drohnen mehr vorhanden sind, nicht zur Befruchtung gelangen. Deßhalb glaube man aber ja nicht, daß eine Unmasse von Drohnen dazu gehöre, um eine junge Königin zu befruchten. Denn man hat einzelne Fälle, daß hie und da eine Königin fruchtbar wurde, da nur wenige Drohnen vorhanden waren. Bei aller Vorsicht, die Drohnenbrut einzuschränken, werden immerhin auf einem jeden Bienenstande so viele Drohnen erscheinen, als in der Schwarmzeit zur Begattung der jungen Mütter nöthig sind. Sollte es auf dem einen Stande daran fehlen, so liefert der Nachbarstand dieselben, denn man hat durch die italienische Biene die Gewißheit erlangt, daß die jungen Königinnen ihren Befruchtungsausflug bis über zwei Stunden weit ausdehnen. Eine große Menge Drohnen auf einem Bienenstande ist Folge einer fehlerhaften, nicht rationellen Behandlung und verräth einen unpraktischen Bienenzüchter. Die Drohnenbrut muß in einem Stocke durchaus beschränkt werden. Werden mir unversehens Drohnenwaben mit Eiern besetzt, so gieße ich Wasser in die Zellen, indem ich die betreffenden Waben auf den Boden lege, auch mit noch unbedeckelten Drohnenmaden verfahre ich so und hänge dann die Tafeln in den Honigraum. Ist die Brut aber schon bedeckelt, so ritze ich mit dem Federmesser sämmtliche Deckel der Zellen auf und bringe diese Waben ebenfalls in den Honigraum. Die Arbeiter schaffen von hier aus Wasser, Eier und Larven aus den Zellen, tragen sie zur Wohnung hinaus und füllen die Tafeln mit Honig. Besser aber ist es und von großem Nutzen für den Honigertrag, wenn nur wenige Drohnen erbrütet werden. Einige hundert Drohnen in einem Stocke sind noch keine Ueberzahl. Man entferne im Frühjahr nach Möglichkeit das Drohnenwachs aus dem Brutlager, bringe es zur Zeit der Haupttracht in den Honig= raum und lasse es hier von den Bienen mit Honig füllen. Hat man Arbeiterwachs vorräthig, so ist es gut, die leeren Stellen, welche es beim Ausschneiden des Drohnenwachses gab, mit Arbeitsbienenwachs auszufüllen, damit die Bienen nicht abermals wieder Drohnenwachs aufführen können. Die beste Zeit jedoch zum Ausschneiden des Drohnenwachses ist nach dem Schwärmen, sobald die abgeschwärmten Stöcke, auch Mutterstöcke genannt, wieder eine fruchtbare Königin haben, weil Stöcke mit einer jungen fruchtbaren Mutter selten Drohnenwachs bauen. Weisellose Stöcke aber bauen ent= weder gar nicht, oder nur Drohnenwachs, weßhalb man sich vorher genau überzeugen muß, ob ein Stock eine fruchtbare Mutter hat, ehe man ihm das Drohnenwachs ausschneidet. Zur Zeit einer außerordentlichen Tracht bauen die Bienen viel Drohnenwachs, selbst solche Stöcke mit heurigen König= innen, allein es hat dies in solchen Zeiten weniger zu sagen, da gewöhnlich alle Zellen von den Arbeitern mit Honig gefüllt werden, bevor die Königin ihre Eier dahin absetzen kann. Auch bauen die Bienen bei reicher Tracht die Waben in Dzierzonstöcken öfter unregelmäßig, als dies in ärmeren Jahren der Fall ist; überhaupt sind viele, leere, vorräthige und schöne Tafeln ein Zeichen von honigarmen Jahren.

Ein Schwarm der recht zeitig, also im Mai oder An= fang Juni kommt und dem man nach seiner Stärke eine angemessene Wohnung anweis't, baut wenig, ein Nachschwarm noch seltener Drohnenwachs. Solche Schwärme bauen auch selten ganze Drohnentafeln, sondern nur handgroße Stücke an den Rändern der Tafeln und meistens nach unten. Wei= sellose Stöcke dulden die Drohnen bis in den Winter hinein; jedes Bienenvolk aber mit einer fruchtbaren Königin duldet nach der Schwarmzeit, oder sobald die Tracht nachläßt, keine Drohnen mehr. Die Vertreibung der Drohnen fällt bei uns in den Monat Juli und heißt Drohnenschlacht.

Um eine Ueberzahl von Drohnen wegzufangen, bediene man sich der von Herrn Seresse in Grumbach erfundenen Drohnenfalle, die ich hier beschreiben will.

Ich verengere ¼ der Breite des Fluglochs mit einem Blechkanal, der nicht höher ist, als daß eine Arbeitsbiene be= quem durchlaufen kann. Vornen biegt man den obern Theil des Kanals in die Höhe, damit der offene Theil des Flug= loches über dem Blechkanal geschlossen ist. An diesen ver= engerten Kanal löthe man eine 8 bis 10 Zoll lange blecherne Röhre, die so breit und so hoch ist, daß sie in den noch offenen Theil des Fluglochs genau paßt und durch welchen nun die Drohnen einen Ausweg finden. Diese verlängerte Röhre läßt man in ein vorgestelltes Kästchen münden, wozu jedes längere Cigarrenkästchen eingerichtet werden kann. Die Oeffnung für das Blechrohr macht man am Kästchen in der Mitte des einen Kopfbodens. Der gegenüberstehende Kopfboden wird entfernt und diese Oeffnung alsdann mit einem be= weglichen Glase geschlossen, das zugleich die Thür des Käst= chens bildet. An dem vordern Ende des Deckels, also gerade über der Glasthüre, wird derselbe handbreit groß abge= schnitten und die Oeffnung mit einem Drahtgitter versehen,

durch das wohl die Arbeiter, nicht aber die Drohnen pas=
siren können. Durch den verengerten Blechkanal fliegen die
Arbeiter aus und ein; die Drohnen können natürlich hier
nicht durch und suchen den Ausweg in der weiteren, ver=
längerten Blechröhre, durch die sie dann in die Falle gerathen.
Hier angekommen, versuchen sie den Ausweg an der Glas=
thüre und dem Drahtgitter, allein vergebens, und damit sie
auch nicht den Retourweg durch die Blechröhre finden, so
mündet diese nicht auf dem Boden des Kästchens, sondern
in der Mitte des Kopfbodens und reicht 2 bis 3 Zoll in
das Kästchen hinein. Die Arbeiter, welche in die Falle ge=
rathen, entschlüpfen durch das Drahtgitter. Hängt man
diese Falle Morgens an und nimmt sie Nachmittags gegen
4 Uhr ab, so wird man eine große Gesellschaft von Bumm=
lern darin finden, die man durch Schwefel oder in einem
heißen Wasserbade tödtet.

II. Bienenstand.

Will man überhaupt einen Bienenstand erbauen, so
suche man sich ein windstilles Plätzchen aus, wo weder hef=
tige Winde noch Zugluft herrschen, denn die Erfahrung
lehrt, daß beide den Bienen schädlich, ja tödtlich sind. Auch
baue man seinen Bienenstand nicht an zu hoch gelegene
Orte oder in die Nähe breiter Flüsse und Seen, weil hier
die schwer beladenen Arbeiter, besonders bei starken Winden,
massenweise niedergeworfen werden und umkommen. Vor dem
Bienenhause dürfen keine Gebäude oder hohe Mauern stehen,

weil diese den Bienen das Aus-, noch mehr aber das Einfliegen in ihre Wohnungen erschweren. Hat man die Wahl,
so stelle man den Bienenstand so, daß die Flugseite nach Sonnen-
aufgang gerichtet ist. Dies ist besonders bei dünnwandigen
Wohnungen, wie z. B. bei den Strohkörben nöthig, weil auf solche
Wohnungen die glühende Mittags- und Nachmittagssonne
einen nachtheiligen Einfluß ausübt. Es gibt viele Fälle, in
denen Stöcke, die der brennenden Sonnenhitze ausgesetzt
waren, der Wabenbau zusammenbrach und die Stöcke dann
ruinirt wurden. Kann man aber seine Bienen durchaus
nicht anders als nach Süden oder Westen fliegen lassen, so
beschatte man in der heißen Jahreszeit die Flugbretter, oder
man lasse die Bienen nach Norden ausfliegen, weil dies viel
zweckmäßiger ist, besonders auch in Beziehung auf den Honigertrag. Bei mehrfächerigen und dickwandigen Dzierzons-
bienenwohnungen, bei 2, 3, 6, 12 Beuten u. s. w. kommt
es gar nicht darauf an, nach welcher Himmelsgegend die
Bienen ausfliegen, weil die Sonnenstrahlen auf die Bewohner solcher Wohnungen keine nachtheilige Wirkung ausüben können. Ich lasse in genannten Wohnungen, deren
Wände 6 bis 10 Zoll dick sind, die Bienen nach allen Him-
melsgegenden ausfliegen und habe im Ertrag nie einen Unterschied finden können.

Für diese Art Wohnungen ist überhaupt kein besonderes
Bienenhaus nöthig. Doch stelle man sie auch an windstillen
Orten auf und berücksichtige im Allgemeinen auch hier, was
bei Erbauung eines Bienenhauses angerathen ist.

Im Naturzustande wohnen die Bienen an dunkeln, schat-
tigen Orten großer undurchdringlicher Urwaldungen, arbeiten
aber stets in der Sonne. Daraus folgt, daß die Bienen
am liebsten im Schatten wohnen und am fleißigsten in der
Sonne arbeiten. Bei Aufstellung der Bienenstöcke halte
man darauf, daß die Fluglöcher nicht zu nahe über- und
nebeneinander zu stehen kommen, weil sich die Bienen in

diesem Falle leicht in fremde Wohnungen verirren, besonders aber und viel mehr noch ist dies der Fall bei jungen, nach Begattung ausfliegenden Königinnen und man hat dann oft mit weisellosen Stöcken zu kämpfen. Ich rathe überhaupt jedem angehenden Bienenzüchter von der Erbauung eines besondern und kostspieligen Bienenhauses ab, indem das darauf verwendete Geld ein weggeworfenes, sich nie rentirendes Kapital ist. Da es auch erfahrungsmäßig feststeht, daß man nur in Dzierzonswohnungen rationelle Bienenzucht betreiben kann, d. h. die Bienen vollkommen in seiner Gewalt hat, so rathe ich jedem Anfänger, sich sogleich eine mehrfächerige Dzierzonswohnung zu bauen, indem sich eine solche viel billiger herstellen läßt, als ein einfaches Bienenhaus. Selbst auf dem kleinsten Plätzchen lassen sich solche Wohnungen aufstellen, sind leicht verschließbar gegen Diebe und bieten, vorausgesetzt, daß sie gut gebaut sind, Jahr ein Jahr aus allen Witterungsverhältnissen Trotz.

III. Bienenwohnungen.

Obgleich dieser Abschnitt, wie überhaupt das ganze Schriftchen nur die Absicht hat, nach meinen schwachen Kräften zur Verbreitung der Dzierzon'schen Methode auch ein Scherflein beizutragen, so können und dürfen aber auch hier die älteren Bienenwohnungen, besonders die bei uns üblichen Strohkörbe nicht übergangen werden. Nicht aber als ob ich dieselben empfehlen wollte, sondern nur deßhalb, weil ja die meisten Bienenzüchter noch in solchen Wohnungen Bienenzucht treiben und

ich diesen einerseits zeigen will, wie unpraktisch diese Stroh=
körbe sind, andererseits aber sie davor warnen möchte, ja
nicht zu schnell von der alten Methode zur neuen überzu=
gehen.

Manche Bienenfreunde, zu denen auch ich gehöre, wuß=
ten in ihrem übergroßen Eifer für die neue Methode nichts
Eiligeres zu thun, als ihre Bienen aus den Strohkörben
herauszuschneiden und dieselben in Dzierzonswohnungen über=
zusiedeln, wodurch sich einige Züchter nicht unbeträchtlichen
Schaden, andere sogar den Ruin ihres Bienenstandes herbei=
geführt haben.

Die Frage: „Wie geht man von der Strohkorbbie=
nenzucht zur Dzierzonsbienenzucht über?" beschäftigt viele
Anfänger und dürfte für deren Beantwortung hier passende
Gelegenheit sein.

Eile mit Weile! Aus Erfahrung muß ich jedem Bie=
nenfreund von einem raschen Uebergang von der alten zur
neuen Bienenzucht abrathen. In einzelnen Bienenbüchern
wird zwar von dem Uebersiedeln, auch Translociren der
Bienen aus den Strohkörben in Dzierzonswohnungen der=
art gesprochen, daß man glauben muß, dies Geschäft sei eine
Spielerei und führe zu schönen Resultaten. Dabei bedenke
jeder, daß nicht alles Geschriebene auch Selbsterlebtes ist
und sich manches in der Praxis ganz anders herausstellt,
als es in der Theorie aussieht, d. h. wie es geschrieben
steht. Ich habe bei diesem Translociren empfindliche Ver=
luste erlitten, abgesehen davon, daß das Geschäft ein sehr
schwieriges und schmieriges ist, wobei es so zu sagen Stiche
regnet und man eine gegerbte Haut haben muß. Abgesehen
von alledem und manchem andern, so bleibt der neue Bau,
weil die Waben aus den Strohkörben entweder zu lang oder
zu kurz, zu dick oder zu krumm, zu alt oder zu jung sind,
sein Lebtag ein Aergerniß erregender und verleidet dem
Dzierzonsschüler gleich von vorn herein die neue Methode.

2*

Ich beobachtete seit meiner Erfahrung bezüglich des Uebergangs von der alten zur neuen Methode folgendes Verfahren. Meine Strohkörbe lasse ich schwärmen oder trommle dieselben zeitig ab und bringe dann die Schwärme in Dzierzonswohnungen. Dies ist der zumeist anzurathende, weil sicherste, leichteste und schönste Uebergang vom Stroh=korb zum Dzierzon.

Oder auch: Man setze dem betreffenden Strohkorbe ein Kästchen unter, in welchem der Deckel durchlöchert ist und welches gleiche Breite hat mit den einzuführenden Dzier=zonswohnungen. Das Kästchen mache man so tief oder lang, daß 8 bis 10 Stäbchen hinein gehen und versehe diese, oder auch Rähmchen, wenn man solche hat, mit Wabenanfängen. Ist das Kästchen ausgebaut, so kann man in der Weise einen Ableger machen, daß man die Waben sammt den darin befindenden Bienen in die neue Wohnung hängt. Die Kö=nigin lasse man im alten Stocke, nur sehe man darauf, daß im jungen Eier, Maden und bedeckelte Brut sind. Durch ein solches Untersetzen aber wird man mehr Drohnenwachs erhalten, als es beim Uebergang mit Schwärmen der Fall ist. Ich komme nun auf den Strohkorb zu sprechen.

Bei uns kommen zwei Arten Strohkörbe vor: a. die Stülpen, auch Kaubeln, Höckel und Pudelmützen genannt, und b. der Ringkorb.

Die erste Art, die Strohstülpen, sind die schlechtesten Bienenwohnungen von allen, die ich kenne. An eine ratio=nelle Zucht ist bei denselben gar nicht zu denken. Man kann sich von dem innern Zustande des Stockes nicht überzeugen und muß Alles dem blinden Zufall überlassen. Aber gerade deßhalb, weil diese Art Wohnungen keine Einsicht in das Innere zulassen und ihre Bewohner sich überlassen sind, so sind sie auch die Lieblinge der in der alten Methode einge=rosteten Bienenhalter. Für sie, die von der Naturgeschichte der Biene etwa so viel verstehen, wie eine Kuh vom Ein=

mal-Eins, sind die Strohstülpen ganz erwünschte Wohnungen, denn sie brauchen weiter nichts zu thun, als die Schwärme hinein zu fassen und sie dann in die Brennesseln zu stellen. In einem guten Jahre sind diese Körbe gegen Herbst so schwer wie Blei, allein während des Winters sind sie, weil zu klein, so herabgekommen, daß sie gewöhnlich im Frühjahr honig- und volksarm sind. Aus diesem Grunde schwärmen sie dann erst zu Ende unserer Haupttracht und oft mehrmals. Die natürliche Folge ist, weil jetzt die Zeit zum Honigeintragen vorüber ist, daß Alte wie Junge im Herbst federleicht sind. An eine Vereinigung mehrerer dieser schlechten Stöcke zu einem guten überwinterungsfähigen Stocke ist bei der Pudel- mütze nicht zu denken, weßhalb der Eigenthümer seine Zu- flucht zum Abschwefeln seiner zu leichten Stöcke nimmt und sich dadurch an Volk und Waben einen unberechenbaren Nachtheil zufügt, abgesehen von der Unmenschlichkeit des Tödtens der Bienen. Wie ganz anders verhält es sich in dieser Beziehung beim Dzierzonstock! In wenigen Minuten kann ich mehrere volks- und honigarme Stöcke zu mächtigen Völkern mit dem nöthigen Winterbedarf vereinigen.

Tödtet aber der Eigenthümer seine leichten Stroh- stülpen im Herbst nicht, so kommen sie während des Winters elendiglich um und überlebt ja der eine oder andere dieser Quäler den Winter, weil vielleicht auf seine Fütterung mehr verwendet wurde, als er werth ist, so liefert er höchstens nach der Haupttrachtzeit noch einen oder auch mehrere Quäler- chen dazu. Schwarmstöcke sind die Stülpen wohl, allein man bedenke, daß die Vielschwärmerei bei den Bienen sowohl wie auch bei den Menschen nichts taugt.

Wer seine Bienenzucht in Pudelmützen betreibt, wird nie auf einen grünen Zweig kommen. In guten Jahren freilich wird der Stülpenmann zu einer großen Anzahl von Stöcken gelangen, in einem, höchstens zwei schlechten Jahren aber wird sein Bienenstand leer stehen. Auf eine reiche Hontgernte kann er nie rechnen. Entweder sind diese Stülpen zu klein oder zu groß für ein Volk und nimmt man Honig, so gibt es eine fürchterliche Schmiererei, bei welcher Hunderte von Bienen umkommen, und zudem wieder nimmt man den Bienen entweder zu viel Honig, weil ein Stock ja nicht immer eine ganze Stülpe entbehren kann, und will man ihm den nöthigen Bedarf lassen, so kann man den Ueberfluß entweder gar nicht nehmen oder nur mit Schaden. An eine Untersuchung des inneren Zustandes, der Brut ꝛc. ꝛc. an das Abfangen und Beobachten der Königin, von deren Güte doch das Gedeihen des Stockes abhängt, ist in einer Pudel= mütze nicht zu denken. Wer diese Wohnungen auf seinem Stande hat, ist noch kein rationeller Bienenzüchter, also fort mit ihnen sobald als möglich.

b. Der Ringkorb ist aus einzelnen Strohringen zusammen= gesetzt, deren jeder einzelne 2 bis 4 Zoll hoch, 10 bis 12 Zoll weit und aus recht dicken Strohwulsten gearbeitet sein muß. Diese Körbe sind theilbar und daher schon zweckmäßi= ger als die Stülpen. Die einzelnen Ringe steckt man mit Drahtstiften zusammen; die Anzahl derselben zu einer neuen Wohnung richtet sich nach der Zeit, in welcher der Schwarm fällt und nach seiner Volksstärke; je früher und stärker, desto mehr Ringe, je später und volksärmer, desto weniger Ringe. Oben kommt ein Deckel von Stroh darauf, welcher in der Mitte ein 3 Zoll weites Spundloch hat, das mit einem Glase verschlossen wird. Das Flugloch wird nicht in den Korb geschnitten, sondern in das Bodenbrett desselben. Man stemmt von vornen bis in die Mitte des Brettes eine 4 Zoll breite und ¼ Zoll hohe Rinne, die nach der Mitte zu im= mer mehr ausläuft, damit das Regenwasser nicht in die Wohnung laufen kann. Durch ein solches Flugloch können Mäuse schwerer in den Stock einbringen, als es im andern Falle geschieht. Solchen Bienenzüchtern, die es nun durch= aus mit dem Stroh halten wollen, ist dieser Korb zu em=

pfehlen, jedoch ist bei dieser Methode streng auf Folgendes
zu achten: Wie bereits beim „Abschnitt I, c. über die
Drohnen" bemerkt, werden in den neuen Wohnungen von
den eingebrachten Schwärmen gewöhnlich handgroße Stücke
Drohnenwachs an den Rändern der Tafeln oder auch unten
an denselben erbaut. Wird nun ein solcher Stock im
nächsten Frühjahr durch Untersetzen erweitert, so veranlaßt
man die Bienen, die angefangenen Drohnenwaben weiter zu
bauen, so daß bei fortwährendem Untersetzen in solchen
Stöcken die Drohnenwaben von unten bis oben reichen und
am Ende so viele dieser müßigen und gierigen Fresser erzeugt werden, daß der Stock zu Grunde gehen muß. Die
alten Magazinbienenzüchter kennen keine andere Methode, als
den Honig oben zu nehmen und dadurch das schöne Arbeiterwachs zu zerstören, während unten das verderbliche
Drohnenwachs erbaut wird. Das Untersetzen ist zu allen
Zeiten verderblich, denn im Frühjahr werden durch dasselbe
viele Drohnen erbrütet und nach der Schwarmzeit bauen
sich die Bienen gewöhnlich todt, weil sie nach unten auch
leere Räume dann ausbauen, wenn draußen nicht mehr viel
Honig zu finden ist und sie dann das, was sie für den Winter aufspeichern sollten, zur Wachsbereitung verwenden. Man
setze also immer nur oben auf und will man den zu alten
Bau erneuern, so nehme man die untersten Ringe weg und
setze dieselben oben auf. Sobald sie hier mit Honig gefüllt
sind, nehme man dieselben ab und gebe dafür neue.

Ich komme nun zu den Wohnungen der Bienen mit
beweglichem Wabenbau.

Die bis jetzt als einzig vollkommen bastehende Bienenwohnung ist die Dzierzon'sche. Dieselbe hat diesen Namen
von ihrem Erfinder. Johannes Dzierzon, kathol. Pfarrer
zu Carlsmarkt in preuß. Schlesien, geb. am 16. Januar 1811,
zu Lossowitz in Oberschlesien, ist der Mann, welcher sich um
die Bienenzucht mehr Verdienst erworben hat, als alle Bie-

nenfreunde vor ihm und bis auf den heutigen Tag. Diesem Manne ist durch seine Erfindung eine besondere Gnade Gottes widerfahren, denn es ist nicht jedermanns Sache etwas Erhabenes vorzuempfinden, hingegen ist derjenige ein Tropf, der das Erhabene nicht nachempfinden kann! Es gibt noch viele Bienenhalter, die in dem falschen Wahne befangen sind, die Dzierzon'sche Methode passe nicht für den gemeinen Mann, sie sei nur da, um reichen und intelligenten Bienenfreunden als Spielzeug zu dienen. Doch gottlob; es gibt dieser Schlendrianisten immer weniger und ich kann sagen, daß viele Bienenfreunde kopfschüttelnd von meinen Dzierzons weggingen und dennoch haben sie schon nach einem Jahre die neuen Wohnungen auf ihrem Stande eingeführt. Es müßte auch ein Mann, aus Leib und Seele geschaffen und vom Schöpfer mit Vernunft begabt, gar keine Grütze im Kopfe haben, wenn er die einfache Dzierzon'sche Bienenzuchts-Methode nicht begreifen könnte. Worin besteht nun diese neue Art der Bienenzucht?

Darin, daß ich jede einzelne Wabe eines jeden Stockes, wann es mir gefällt, mit den daraufsitzenden Bienen herausnehmen nnd sie wieder unbeschädigt einhängen kann, gerade so, wie ich ein Buch aus dem Bücherschrank nehmen und dasselbe wieder nach dem Gebrauche an seinen Ort bringen kann. Hier habe ich die Biene in meiner Gewalt, ich bin also, wozu mich der Schöpfer gemacht hat, Herr der Biene, und will ich die von Gott mir geschenkte Vernunft gebrauchen, so kann ich der Biene vorschreiben, was sie zu thun und zu lassen hat. Zu jeder Zeit des Jahres bin ich im Stande, mich von dem innern Zustande eines jeden Stockes zu überzeugen. Ist der Stock weisellos, so kann ich ihm aus einem andern Stocke eine Königin oder Brut dazu verschaffen, fehlt es dem einen Stock an Honig, so kann das Fehlende in einem Augenblick bei dem der Ueberfluß hat, genommen werden, habe ich ein schwaches Volk, so kann

ich daſſelbe in kurzer Zeit durch Einhängen bedeckelter Brut=
tafeln aus ſtarken Stöcken zu einem mächtigen Volke heran=
ziehen; taugt eine Königin nichts, ſo kann ich dieſelbe mit
leichter Mühe entfernen, das Schwärmen kann ich in den
meiſten Fällen verhüten, überhaupt kann ich meinen Völkern
vorſchreiben, ob ſie auf Vermehrung oder Honigertrag hin=
arbeiten ſollen, kurz geſagt:

Im Dzierzonsſtock iſt die Biene zum Hausthiere ge=
worden und muß ſich gleich den übrigen Hausthieren dem
Willen ihres Herrn fügen. Man könnte ein ganzes Buch
ſchreiben über die Vorzüge der Dzierzonsbienenwohnungen,
doch es mag hier genug ſein. Die Vortheile dieſes Stockes
liegen zu ſehr auf flacher Hand, als daß ich darüber noch
mehr zu ſagen nöthig habe. Wer dieſelben nicht einſehen
mag, wird vielleicht doch noch über kurz oder lang mit Scha=
den klug, oder mag auch meinetwegen ſein Lebtag ein Stroh=
mann bleiben.

Ich komme nun zur Beſchreibung der: c. Dzierzon=
ſchen Bienenwohnungen. Ich ſage Bienenwohnungen, denn
es gibt wohl ſo viele verſchiedene Arten derſelben, als es
auch Freunde der neuen Methode gibt. Es kann mir alſo
nicht in den Sinn kommen, alle, oder auch nur eine grö=
ßere Anzahl dieſer Stöcke zu beſchreiben. Dies würde höch=
ſtens dazu führen, die Köpfe der Anfänger zu verwirren,
ähnlich wie es mir erging beim Leſen über die Beantwor=
tung der Streitfrage: „Welches iſt die beſte Bienenwohnung?"

Jede Bienenwohnung mit beweglichem Bau, d. h. aus
der ich die einzelnen Waben herausnehmen und ſie wieder
unverſehrt einhängen kann, iſt eine Dzierzonswohnung; ſei
ſie nun aus Holz oder Stroh, aus Steinen oder Lehm, ſei
ſie groß oder klein, ſei ſie ein einfacher Bretterkaſten, eine
Einzelbeute, oder ein herrlicher, koſtſpieliger Pavillon, befin=
den ſich im Innern Stäbchen oder Rähmchen. Dies Alles
richtet ſich nach der Gegend in welcher man lebt und Bie=

nenzucht treibt. Eine Gegend mit Frühjahrstracht verlangt andere Wohnungen, als eine solche mit Herbsttracht, eine reiche Honiggegend wieder eine andere, als eine arme ꝛc. ꝛc.; ebenso baut sich der reiche Bienenfreund andere Wohnungen, als der arme und derjenige, welcher die Bienenzucht blos zum Vergnügen treibt, wieder andere als derjenige, welcher sie zu einem Erwerbszweig macht.

Der Bienenfreund vom Glan ist ein armer Mann, er liebt zwar die Biene von Kind auf, so wie es ihm das väterliche Beispiel im Pfarrgarten zu Schiersfeld gelehrt, allein er treibt auch die Bienenzucht, um sie zu einem Nebenerwerb zu machen, seine zahlreiche Familie ernähren zu können. Seine Gegend gehört zu den schlechteren Bienengegenden und die Haupttrachtzeit fällt vor Johanni. Aus diesen Gründen wird er hier nur zwei Arten Dzierzonswohnungen beschreiben, die er bei seiner Praxis als die besten kennen gelernt hat:

1. Die sogenannte Berlepschbeute und
2. den Dzierzon'schen Zwillingsstock.

Zu einer Berlepschbeute nehme man, wie überhaupt zu allen Dzierzonswohnungen, durchaus trockenes Holz, das sich nicht mehr wirft oder verzieht. Je leichter die Holzart und je dicker die einzelnen Borde, desto besser. Man fertige einen länglichen viereckigen Kasten, der im Lichtenraum 27 Zoll Höhe, 11 Zoll Breite und 19¼ Zoll Tiefe hat.

Fig. 6.

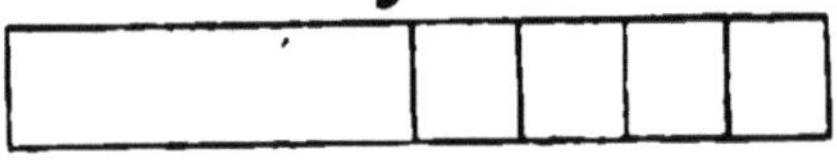

Fig. 6

zeigt einen ganzen und einen in 4 Theile getheilten Zoll, sowie derselbe von den deutschen Bienenzüchtern angenommen ist. Die Einführung eines gleichen Längemaßes unter den Bienenzüchtern ist der verschiedenen deutschen Maße wegen durchaus nothwendig. Es wäre zu wünschen, daß für die Zukunft von allen Bienenzüchtern der Meter als Längemaß eingeführt würde.

Ob ein Kasten in der hier angegebenen Höhe, Breite und Tiefe etwas abweicht, hat nichts zu bedeuten, allein es müssen durchaus alle nachfolgenden Kasten wenigstens in Beziehung auf Wabenhöhe und Tiefe nach gleicher Dimension gearbeitet sein, wie der erste, weil ich ja im andern Falle die Waben nicht aus Nr. 1 in Nr. 2, 3, 4 u. s. w. hängen könnte, meine Einrichtung also an einem großen Fehler litte und daher nicht rationell wäre. Es thut demnach doppelte Vorsicht bei Anfertigung der ersten Wohnung noth. Der Kasten muß rechtwinkelig gebaut und die einzelnen Bretter oder Wände gut verzinkt sein. Das Bodenbrett und der Deckel müssen nach vornen und den beiden Seiten 4 bis 6 Zoll vorstehen, je nach der Dicke der Diele, damit man eine warmhaltige Fütterung aus Stroh, Moos u. dgl. leichter anbringen kann. Hier beachte man immer: „je wärmer, desto besser," sowohl für den Winter, als auch für den Sommer, weil nur solche Wohnungen, die den Bienen gegen die Winterkälte Schutz gewähren, sie auch vor den glühenden Sonnenstrahlen im Sommer schützen.

Im Innern des Kastens befinden sich drei Fugenpaare, die ¼ Zoll tief sind, und sich einander in gleicher Höhe gegenüber stehen. In diese Fugen werden die Stäbchen und Rähmchen eingeschoben.

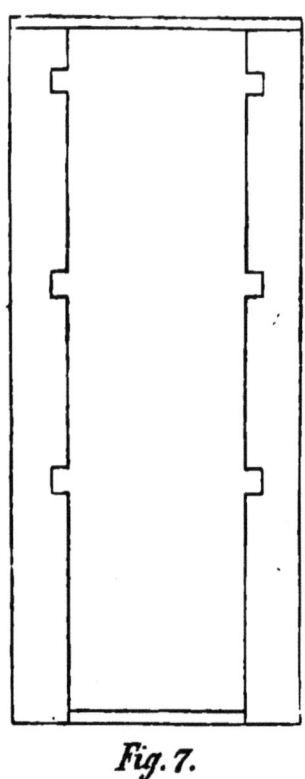

Fig. 7.

Fig. 7.

stellt die Thüröffnung einer Berlepschbeute dar und zeigt die eingeschnittenen Fugenpaare und die Wandfütterung.

Das untere Fugenpaar ist $8\frac{1}{4}$ Zoll vom Boden, das mittlere 8 Zoll über dem untern oder $16\frac{1}{4}$ Zoll vom Boden, das dritte oder obere Fugenpaar ist $8\frac{1}{4}$ Zoll über dem mittleren, oder $24\frac{1}{4}$ Zoll vom Boden.

Die 2 untern Etagen oder Stockwerke bilden den Brutraum, d. h. den Raum, in welchem die Bienen brüten und die für ihren eigenen Bedarf nöthigen Materialien, als Honig und Blüthenstaub absetzen.

Die obere Etage ist durch die Deckbretter des Brutraumes von diesem getrennt und heißt Honigraum. Was die Ar=

beiter hier aufspeichern, ist für ihren Herrn, vorausgesetzt, daß die Bienen im Brutraume ausreichenden Wintervorrath aufgehäuft haben, widrigenfalls derselbe aus dem Vorrathe des Honigraumes ergänzt werden muß. Nur der Bienenzüchter ist ein rationeller, der seine Bienen zwingt, recht viel hier einzutragen.

Zum bessern Verständniß will ich hier nochmals die innere Einrichtung einer Berlepschbeute wiederholen:

a. Vom Boden bis zum ersten Fugenpaar bleibt ein Raum von 8½ Zoll Höhe, nämlich 8 Zoll für die Wabenhöhe und ½ Zoll Raum auf dem Boden als Durchgang der Bienen unterhalb der Waben.

b. Von dem untersten Fugenpaar bis zum mittleren 8 Zoll Höhe, also blos so viel, als die Wabenhöhe beträgt.

c. Für die Deckbrettchen, welche die beiden untern Etagen von der obern abschließen, oder mit andern Worten, die den Brutraum vom Honigraum trennen, ½ Zoll.

d. Für die obere Etage werden von den Deckbrettchen an 8 Zoll Höhe gerechnet bis zum obersten Fugenpaar. Auf diese Weise eingetheilt, erhalten sämmtliche Waben eine Höhe von 8 Zoll und es können solche aus der untern Etage in die mittlere und obere, oder auch umgekehrt, ohne etwas daran abschneiden zu müssen, eingehängt werden. Die obere Etage wird auch mit Deckbrettchen belegt. Mithin bleibt oben immer noch so viel Raum, um mit den Händen bequem arbeiten zu können. Hinten an den Brutraum stellt man ein Vorbrett, besser ein Glasfenster, das so hoch ist, als der Brutraum, also 16½ Zoll. Hinter den Honigraum kommt auch ein solches, das 8 Zoll hoch wird. Die Glasscheiben der Vorfenster dürfen aber nicht in der Mitte der 1 Zoll dicken Rahmen stehen, wie dies bei einem Stubenfenster der Fall ist, sonst werden die letzten Waben auf der Seite nach dem Vorfenster so verdickt, daß man sie nicht anderswo im

Stocke einhängen kann. Glas und Rahmen müssen nach Innen eine glatte Fläche bilden.

Ist der Brutraum ausgebaut und haben die Bienen hier nicht mehr Raum, ihre gesammelten Schätze abzusetzen, so wird der Honigraum geöffnet. Dieß ist der Fall, wenn die hintern Wabenseiten im Brutraume zur Hälfte mit bedeckeltem Honige oder auch mit Brut gefüllt oder besetzt sind. Den Honigraum öffne ich also: Ich ziehe die Deckbrettchen des Brutraumes ½ Zoll von der vordern Wand ab, nach hinten der Thür zu. Die Arbeiter, die vom Felde heim und zum Flugloch herein kommen, laufen sogleich an der Stirnwand herauf, um in dem Honigraume ihre Honigsäfte abzusetzen, weil dies der nächste und bequemste Weg dahin ist. Auch wird sich die Königin selten auf diesem Umwege in den Honigraum begeben.

Die Bretter zum Boden und dem Deckel der Beuten dürfen nicht längs, sondern quer aufgenagelt oder eingezinkt werden, damit sie nicht quillen und schwinden, oder, wie man sagt, sich werfen. Dasselbe beobachte man auch bei den Seitenwänden und stelle die Bretter so, daß die Jahresringe des Holzes von unten nach oben laufen. Bei der Stirnwand nehme man die Bretter wieder quer, d. h. von rechts nach links. Außen an den Seitenwänden muß quer durch die Mitte derselben eine Hirnleiste aufgenagelt werden, damit sich die Wände nicht verziehen. Dies ist übrigens nur bei dünnern Borden, nicht aber bei mehrzölligen nöthig.

Hinten bleibt die Beute offen für die Thür. An den beiden Seitenwänden macht man von unten bis oben einen 1 Zoll tiefen und ½ Zoll breiten Falz, in welchen die Thür zu stehen kommt. Diese wird durch 2 Wirbelchen gehalten oder auch zum Verschließen nach Belieben eingerichtet.

Die Thür besteht aus einem Holzrahmen, der genau in den Falz an der Thüröffnung paßt, und den man mit Stroh ausfüttert. Auch kann die Thür aus einem ganzen

Brett bestehen, das sich aber nicht verziehen darf. In die vordere oder Stirnwand, der Thür gegenüber, kommt das Flugloch. Dasselbe wird unmittelbar über dem Boden ein= geschnitten, 4 Zoll lang und nicht ganz ½ Zoll hoch. Weil die Wände einige Zoll dick mit Stroh oder dgl. gefüttert werden, so wird das Flugloch durch einen Kanal verlängert, der so lang wird, als die Wandfütterung dick und so hoch ist, als das in der Stirnwand eingeschnittene Flugloch. Dieser Kanal läßt sich leicht so herstellen: Man nehme ein Brett= chen, 5 Zoll breit, 1 Zoll dick und so lang, daß es 6 Zoll vor die gefütterte Stirnwand vorsteht. Dieser Vorsprung dient den Bienen als Anflugbrett. Zu beiden Seiten dieses Brettes nagle man so lange Leistchen auf, als die Dicke der Stirnwand beträgt; oben darüber wird ein Brett genagelt von gleicher Länge mit den Leisten. Diese Leisten sind so dick, als das in der Stirnwand eingeschnittene Flugloch hoch ist. Der Kanal wird angenagelt, bevor die Stirnwand ge= füttert wird und zwar so, daß er nach dem Flugloch zu et= was ansteigt, damit das Regenwasser nicht eindringen kann.

Zu Stäbchen, woran die Bienen ihre Waben bauen sollen, nehme man 1 Zoll breite und ¼ Zoll dicke Holz= stäbchen, die an den 4 Ecken mit ¼ Zoll breiten Vorsprüngen versehen sind, damit man beim Einhängen der Waben die= selben nicht zusammenstößt, sie demnach stets in der von den Bienen beim Wabenbau in Strohkörben beobachteten Ent= fernung der einzelnen Waben von einander abstehen.

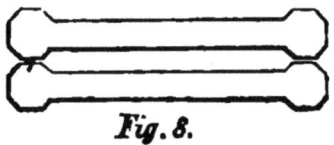

Fig. 8.

Fig. 8.

Zwei Stäbchen ohne Wabenanfänge.

Ich habe in meinen Berlepschbeuten nur solche Stäbchen und kam mit denselben gleich von Anfang an bis heute
ganz gut zurecht. Die Bienen bauen allerdings die Waben
an den Seitenwänden und in der 2ten und 3ten Etage auch
unten an, allein mit einem langen scharfen Messer lösen sich
dieselben leicht los. An den Seiten jedoch schneide man von
unten nach oben, so wird man die Waben nicht von den
Stäbchen losreißen. Beim Herausnehmen der Waben und
beim Beobachten derselben hält man das Messer darunter,
so wird selten eine losreißen. Kommt dieses aber hie und
da vor, so stelle man die abgerissene Wabe in die 2te Etage
auf den untern Stäbchenrost und schiebe das betr. Stäbchen
darüber; der kleine Zwischenraum, den es durch das Abreißen
gegeben, wird von den Bienen bald ausgebaut. Auch kann
man die abgerissene Wabe mit 3 Schnüren an das Stäbchen anbinden und wenn dieselbe festgebaut ist, dieselben wieder abnehmen.

Ehe man neue Stäbchen in eine Wohnung hängt,
klebe man Wabenanfänge daran. Je breiter dieselben sind,
desto besser, übrigens reichen fingerdicke Wabenstücke aus.
Man klebe aber ja keine Drohnenzellen vor, sondern nehme
dazu immer Wabenstücke mit kleinen Zellen, d. i. Arbeitsbienenwachs. Ich habe ein blechernes Schüsselchen von 2 Zoll
Breite und 12 Zoll Länge. In dasselbe lege ich Wachs und
lasse es auf dem Ofen zergehen. In dieses flüssige Wachs

tauche ich die Wabenstücke und lege sie auf die Stäbchen, indem ich dieselben noch ein wenig andrücke.

Sobald das Wachs erkaltet ist, sind die Anfänge fest. Dieses Ankleben des Vorbaus kostet indeß recht viel Wachs. Deßhalb hat man sich nach billigern und dem Zwecke gleichwohl entsprechende Klebmittel umgesehen und sie in einer Mischung von Wachs und Harz, von Harz und dickem Terpentin, in Quarkkäsekitt, in Tischlerleim und in einer Lösung von Gummi arabicum. Alle diese Klebmittel sind zu empfehlen und ein Beweis von praktischer Unkunde oder Unbeholfenheit ist es, das eine oder das andere aus irgendwelchem Grunde als verwerflich bezeichnen zu wollen.

Bei den Anfängen halte man darauf, daß dieselben von einem Ende des Stäbchens bis zum andern reichen und gleich hoch sind. Hat man nur kürzere Stückchen Waben, so setzt man dieselben auf dem Stäbchen zu einem Ganzen zusammen, denn durch Unterbrechungen der Wabenanfänge, oder durch ungleiche Höhe derselben, veranlaßt man die Bienen leicht zum Querbau, so daß man die einzelnen Waben nicht herausnehmen kann.

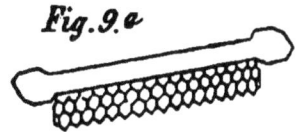

Fig. 9. a.

Ein Stäbchen mit Wabenanfang. Die vorräthigen Waben bewahrt man in einem luftdichten Kästchen, einem Schränkchen oder einer Kiste auf, in welchen man am Frühjahr und am Herbst etwas Schwefelspan abbrennt. Dadurch werden die etwa vorhandenen Raupmaden erstickt und die Waben bleiben rein.

Einfacher noch bewahrt man seine leeren Wachswaben vor der Zerstörung durch Mottenmaden, wenn man sie an einem möglichst luftigen und lichthellen Orte auf eine Schnur gezogen so aufbewahrt, daß die einzelnen Waben sich nicht berühren.

Viele Bienenzüchter haben statt der Stäbchen Rähmchen, in denen die Waben ringsum mit Holz eingefaßt sind, so wie ein Spiegelglas von seinem Holzrahmen.

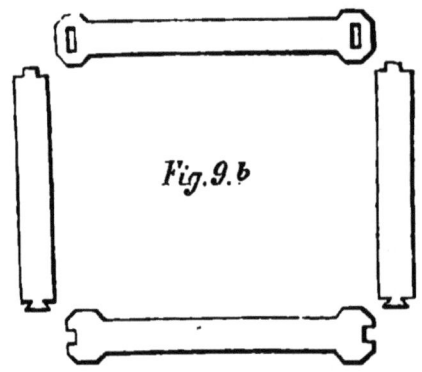

Fig. 9. b.
Die 4 Theile eines Rähmchens.

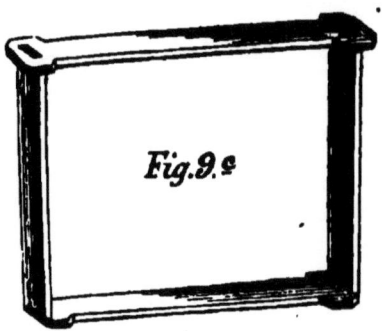

Fig. 9. c.
Ein fertiges Rähmchen, 8 Zoll hoch.

Ich habe in meinen Berlepschbeuten keine Rähmchen, weil sie mir zu kostspielig sind. Werden Kasten und Rähmchen nicht mit der größten Accuratesse gearbeitet, so hat man mehr Aergerniß damit, als mit einfachen Stäbchen, wie ich dies bei verpfuschten Berlepschbeuten schon öfter gefunden habe und wie es namentlich mit den v. Berlepsch'schen Original= beuten zu 5 Etagen und 60 Rähmchen gar nicht vermieden werden ·konnte.

Die Rähmchen bestehen aus 4 Stäbchen. Das obere ist dem beschriebenen gleich, das untere auch, nur daß es auf beiden Seiten ¼ Zoll von den Wänden absteht. Ist also das obere Stäbchen 11¼ Zoll lang, so ist das untere nur 10¼ Zoll lang. Die vier, ¼ Zoll breiten Vorsprünge dürfen daran nicht fehlen. Das obere und untere Stäbchen werden durch 2 Seitenschenkel verbunden, die aus 1 Zoll breiten und ¼ Zoll dicken Holzstäbchen bestehen. Die 4 Schenkel des Rähmchens müssen der größern Haltbarkeit wegen in einander verzinkt werden.

Bei Anfertigung der Kasten ist besonders darauf zu achten, daß die Rähmchen der untern Etage ¼ Zoll vom Bodenbrett abstehen; dieser Abstand dient den Bienen als Durchgang; ferner müssen die Seitenschenkel der Rähmchen ¼ Zoll von den Wänden abstehen, so daß eine Biene bequem durchlaufen kann. Ist der Abstand größer, so bauen ihn die Bienen aus und ist er so eng, daß keine Biene passiren kann, so nisten sich die Wachsmotten ein. Die Rähmchen der un= tern und der mittleren Etage müssen genau aufeinander auf= stehen, daher sind die Kasten, wie bereits gesagt, sehr genau zu fertigen; stehen hier die Rähmchen nicht genau auf ein= ander, so haben die Rangmaden einen Schlupfwinkel, oder der Ritz wird von den Bienen so fest verkittet, daß man beim Herausnehmen die Rähmchen mit Gewalt von einander reißen muß, was wieder von Nachtheil ist. Im Falle ich die Rähm= chen in meinen Berlepschbeuten einführen würde, so würde

3*

ich im Brutraum, vornen nach dem Flugloch, 8 Ganzrahmen von 16 Zoll Höhe einhängen, weil diese Einrichtung meines Erachtens leichter und billiger herzustellen und gewiß auch zweckmäßiger ist. Den übrigen Theil des Brutraumes aber würde ich mit Halbrahmen, also von 8 Zoll Höhe, ähnlich wie im Honigraume, ausfüllen, des leichtern Hantierens wegen und des Aushängens derselben in den Honigraum halber.

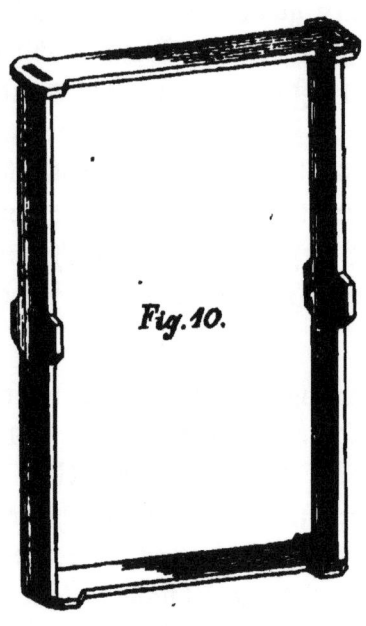

Fig. 10.

Fig. 10.

Ein 16zölliges Rähmchen, welches in der halben Höhe zu beiden Seiten noch viertelzöllige Vorsprünge hat, auf die man ein Stäbchen legt, bis die obere Hälfte des Ganzrahmens vollkommen ausgebaut und gehörig befestigt ist. Hierauf wird das Stäbchen entfernt und die Bienen verlängern die halbe Wabe zur ganzen Höhe. Die Bienen bauen in solchen Rähmchen öfter die Waben von oben bis herunter, ohne dieselben an den Seiten zu befestigen. Bleiben also die Stäbchen weg, so ist ein Zusammenbrechen des Wabenbaues zu befürchten.

Kommen Rähmchen in eine Beute, so müssen selbstverständlich die Fugenpaare um so vieles höher eingesägt werden, als die Unterschenkel der Rähmchen ausmachen.

Eine nothwendige Geräthschaft neben einer Dzierzonsbienenwohnung ist der Wabenknecht oder Bock.

Fig. 11.

Fig. 11. Wabenknecht oder Bock. Derselbe besteht in einem Gestell aus Latten, auf das man die herausgenommenen Waben während der Operation hängt. Man kann dazu auch jeden beliebigen Kasten nehmen, über den man in einer Entfernung, wie es die Waben verlangen, 2 Leisten aufnagelt. Auch ist jede leere Wohnung, die man auf den Kopf, d. h. auf die Vorderseite stellt, gut dazu.

Die Waben müssen in derselben Ordnung eingehängt werden, wie sie herausgenommen wurden, d. h. die zuletzt herausgenommene Wabe wird zuerst eingehängt und die zuerst herausgenommene zuletzt. Bei einem regelmäßigen Bau ist dies übrigens nicht nöthig. Viel billiger, schöner und zweckmäßiger als die Einzelbeuten sind mehrfächerige Dzierzonswohnungen. Es gibt eine Menge verschiedener Zusammensetzungen derselben. Die am meisten gebrauchten sind:

a. Die Dreibeute, sie besteht darin, daß drei Verlepschbeuten an einem Stück verfertigt werden. Das Flugloch der mittleren Beute kommt vornen heraus in die Stirnwand, ich will annehmen nach Süden, die Fluglöcher der beiden äußern Beuten aber gehen rechts und links, also nach Ost und West heraus, dürfen aber nicht in der Mitte der Seitenwände, sondern gerade in den vordern Ecken der Stirn= und Seitenwände angebracht sein.

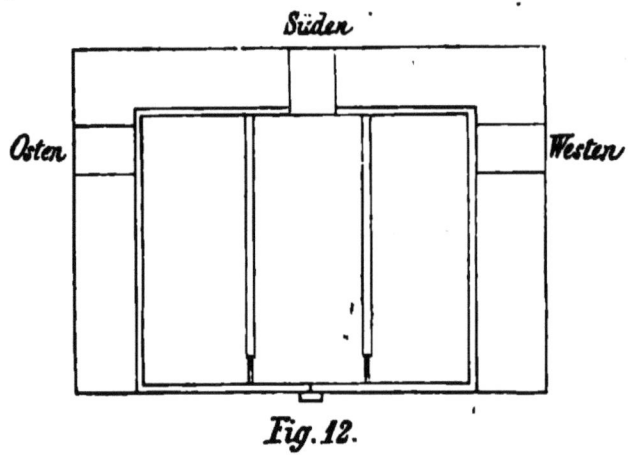

Fig. 12.

Fig. 12.

Dreibeute. (Grundriß.)

b. Die Sechsbeute ist die Dreibeute doppelt, d. h. so, daß zwei Dreibeuten übereinander stehen, von denen der Deckel der untern, den Boden der obern bildet.

c. Die Zwölfbeute besteht aus zwei Sechsbeuten, die einander gegenüber aufgestellt werden. Der Zwischenraum zwischen beiden Sechsbeuten ist auf der einen Seite zugeschlagen und auf der andern Seite ist die Thür angebracht. Der innere Raum bildet ein kleines Häuschen, in dem man

zu jeder Tages= und Jahreszeit ungenirt sich bei seinen Bienen=
völkern beschäftigen kann. Doch geize man bei Aufstellung
zweier Sechsbeuten nicht wegen eines kleinen Raumes, benn
man würde bies der Bequemlichkeit wegen später bereuen.

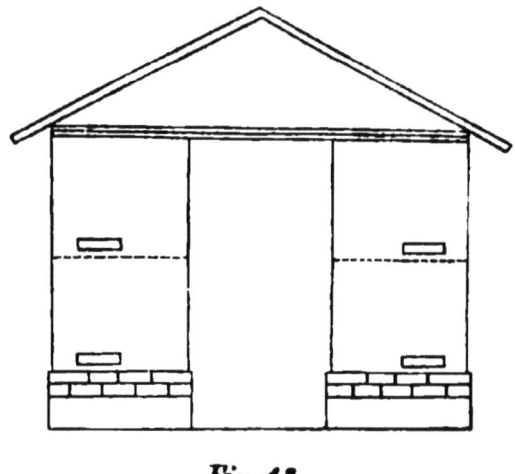

Fig. 13.

Fig. 13. Zwölfbeute. Es wird jebem Bienen=
züchter von selbst einleuchten, baß sich mehrfächerige Bienen=
wohnungen viel billiger herstellen lassen, als einzelne Beuten.

Die Drei=, Sechs= und Zwölfbeuten kommen auf einen
gemauerten Untersatz von 2 Fuß Höhe zu stehen und werden
außen 6 Zoll bick mit Stroh, Moos, Lehmsteinen u. bgl.
bekleibet; biese Bekleidung kann man noch mit bünnen Bret=
tern, Schilfrohr 2c. 2c. überziehen. Dies sind die wohlfeilsten
und zweckmäßigsten Bienenwohnungen von allen die ich kenne.

2. Der Dzierzons'sche Zwillingsstock. Was über die An=
fertigung einer Berlepschbeute gesagt ist, das gilt im Allgemeinen
von allen Dzierzonsbienenwohnungen. Die verschiedenen Ab=
weichungen sind Sache jedes einzelnen Bienenfreundes. Ich
las viel über bie Frage: „welches bie beste Bienenwohnung
sei" und ba bei dieser Gelegenheit der Dzierzon'sche Zwillings=

stock von einer Seite als die beste Wohnung bezeichnet wurde, so wollte ich mich von der Richtigkeit dieser Behauptung überzeugen, zumal ich unsern Braun'schen Zwilling schon als unpraktisch kannte. Ich ließ mir direkt von Herrn Dzierzon einen Zwilling kommen, der jetzt Eigenthum des Pfälzer Bienenzüchtervereins ist. Auf den ersten Anblick sahe ich, daß mit der Originalbeute in unserer honigarmen Gegend nichts zu machen sei. Wir brauchen am Frühjahr starke Völker, diese aber kann man nur in großen Wohnungen erziehen. Ich ließ daher die neuen Zwillinge sogleich größer bauen und habe sowohl auf meinem, als auch ganz besonders auf dem Stande des Herrn Notar Gelbert in Wolfstein, nunmehr in Mutterstadt, die Erfahrung gemacht, daß mit dem vergrößerten Zwilling auch in unserer Gegend etwas zu machen ist.

Nach mehrjähriger Erfahrung baue ich die Zwillinge also:

Ich mache einen Doppelkasten, in dem jeder Kanal 20 Zoll tiefen, 16 Zoll hohen und 12 Zoll breiten Lichtenraum hat. 14 Zoll hoch von den Böden sind die Fugenpaare. Da jede einzelne Wohnung nur eine Etage hat, so wird nur 1 Fugenpaar angebracht. Der größern Waben wegen kommen in die Zwillinge unbedingt Rähmchen. An den Doppelkasten kommen 4 Thüren, also an jede Wohnung zwei, nämlich eine an den Brutraum und die andere gegenüber an den Honigraum. Fig. 14. a.

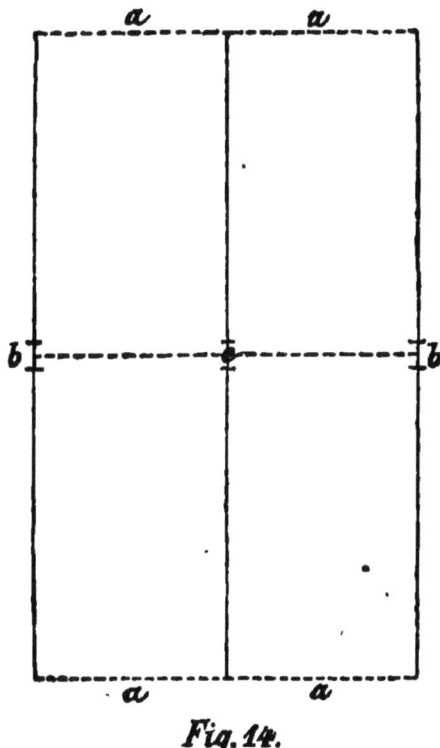

Fig. 14.

Zwilling. (Grundriß.)

Die Fluglöcher werden in der Mitte der Langseiten angebracht, stehen sich also einander gegenüber. b. Bei c. ist ein 1 Zoll hoher und 3 Zoll breiter Durchgang, der mir beim Theilen des Volkes sowohl, wie auch beim Vereinigen zweier Völker gute Dienste leistet. Die Oeffnung ist mit einem Holzklötzchen verschlossen. Jede Wohnung wird in Brut= und Honigraum abgetheilt, die durch ein Glasfenster von einander getrennt sind. Für den Brutraum nehme ich ⅔ des Faches, für den Honigraum ⅓.

In dem Vorfenster bringe ich auf dem Boden und zwar auf der Seite des Fluglo<ches, einen 2 Zoll langen und ½ Zoll hohen Durchgang an, der mit einem Zinkschieber verschlossen wird. Dzierzon hat in dem mittleren Rahmen

seines Fensters als Durchgang der Bienen aus dem Brut-
in den Honigraum eine Brille angebracht. Dieselbe leistet
wohl gute Dienste, um das von den Bienen festgekittete Fenster herauszubringen, allein als Durchgang erweist sie sich
nicht praktisch, weil viele Bienen durch dieselbe den Ausweg
nicht mehr finden und im Honigraum umkommen, worin
freilich andere Bienenzüchter in den Stock eingedrungene Nä-
scher erblicken, die im Honigraum Rettung vor der Verfol-
gung der heimischen Bienen suchten, hier aber von diesen
getödtet wurden. Auch ist mir öfter vorgekommen, daß die
Königin durch die Brille in den Honigraum ging und hier
durch ihre Eierablage die Honigernte vereitelte. Der Durchgang am Boden hat sich als praktisch bewährt, alle Bienen
finden hier den Ausweg und zudem ist es der nächste und
bequemste Weg, um in den Honigraum zu gelangen. Die
Königin wird auf diesem Wege wohl selten oder gar nicht
in den Honigraum kommen. Legt man im Brutraume einen
Kanal von Zinkblech in den Durchgang, der unter der letzten
Wabe, d. i. die am Fenster zunächst dem Durchgang hin-
zieht, so kommt die Königin selbst dann nicht in den Honigraum, wenn sie suchend auf dem Glasfenster auf- und ab-
läuft. Im Honigraum darf dieser Kanal nicht vor den
Fensterrahmen reichen, weil sonst die Bienen den Ausweg
nicht finden.

Die Deckbrettchen über den Rähmchen werden hier quer
aufgelegt. Solcher Zwillinge kann man 4 aufeinander stellen,
der unterste steht auf einem gemauerten Fuß von 2 Fuß Höhe
und der oberste bekommt ein Dach.

IV. Ankauf der Bienen.

Hat der angehende Bienenzüchter das Vorausgegangene
studirt und befolgt, so ist er nunmehr da angekommen, die
neue Dzierzonsbienenwohnung mit einem Schwarm zu besetzen.
Vorausgesetzt, daß er noch keine Bienen, folglich auch noch
keine eigenen Schwärme zu hoffen hat, so muß er sich welche
kaufen und es fragt sich nun wann, welche Schwärme und
wie theuer?

Soll ein junger Bienenschwarm in unserer Gegend seine
Wohnung ausbauen und auch, was die Hauptsache ist, seinen
Winterbedarf eintragen, so ist darauf zu halten, daß derselbe
frühe, d. h. in der Haupttrachtzeit, also im Mai und höch=
stens noch vor dem 15. Juni komme, daß derselbe ein Vor=
schwarm und von gehöriger Volksstärke sei. Ist der Schwarm
von einem Stocke, der auch im Vorjahre geschwärmt hat, so
ist er seiner einjährigen Königin wegen um so mehr werth.

Je früher der Schwarm und je stärker derselbe, desto
werthvoller. Ein Maischwarm ist eher 5 fl. werth, als ein
Junischwarm 3 fl. Der Preis der Schwärme richtet sich
demnach einzig nach der Zeit, in welcher die Schwärme fal=
len und nach deren Stärke. Wer Dzierzon'sche Wohnungen
mit Bienen besetzen will und selbst keine Bienen hat, der
kaufe sich nur Schwärme und keine alten Bienen.

Hier findet nun die Frage Raum „wie bringt man
einen Schwarm in eine Dzierzonswohnung?"

Ist der Schwarm ein natürlicher, so wird derselbe in
eine Strohstülpe gefaßt, ist er ein künstlicher, so trommelt
man denselben ebenfalls in einen solchen Korb. Darin bleibt
er so lange, bis sämmtliche Bienen sich im Haupte zu einer
dichten Traube zusammengezogen haben. Unterdessen wird die
neue Wohnung zur Aufnahme des Schwarmes vorbereitet.

Die Stäbchen haben wir bereits mit Wabenanfängen verse=
hen, siehe Abschn. III. unter c., überhaupt die ganze Woh=
nung, sei dieselbe Berlepschbeute oder Zwilling, in Bereitschaft.
Bei der Berlepschbeute hänge ich 8 Stäbchen in die untere
Etage und 8 in die mittlere. Darüber lege ich die Deckbrett=
chen und damit dieselben nach der Thür zu nicht aufschnap=
pen, wird im mittleren Fugenpaar ein Stäbchen untergeschoben.
Ist die Beute eine Einzelwohnung, so stelle ich sie auf den
Boden, ist die zu besetzende Beute aber ein Fach in einer
mehrfächerigen Wohnung, so schlage ich hinter der Thür der=
selben einen Pfahl in die Erde, der 2 Zoll höher reicht, als
der Boden des betreffenden Faches. Ich nehme ein 3 Fuß
langes Brett, das mit einem Ende in die Thüröffnung der
Wohnung paßt, sich also auf den Boden derselben fest auf=
legt; nach hinten kann das Brett breiter sein. Steht die
Wohnung auf dem Boden, so lege ich hinten einen Stein
unter das Brett, ist das Fach in einer mehrfächerigen Woh=
nung, so kommt es hinten ohnedieß durch den eingeschlagenen
Pfahl höher zu liegen, so daß es nach der Thüröffnung zu
eine schiefe Ebene bildet. Rings um das Brett, von dem
einen Ende der Thüröffnung bis zum andern, wird ein nas=
ses, leise zusammengedrehtes Handtuch gelegt.

Das Vorfenster des Brutraumes wird bei Seite gestellt.
Ist nun alles so hergerichtet in der neuen Wohnung, um den
jungen Bewohner aufzunehmen, so trage ich gegen Abend den
Schwarm zu derselben heran. Hier angekommen, nehme ich
den Korb von dem Brette ab, halte denselben in beiden Hän=
den und stelle mich vor die Thüröffnung der Wohnung. Ich
werfe nun die Bienen aus dem Korbe so in die neue Woh=
nung, als wenn ich einen Korb voll Kartoffeln zum Keller=
loch hinein werfen wollte. Mit 2 bis 3 Würfen ist das Ge=
schäft fertig; ich stelle dann den Strohkorb mit der weiten
Oeffnung schief gegen die Thüröffnung des Faches, in kurzer
Zeit ist der ganze Schwarm in die neue Wohnung eingezo=

gen und hat sich an den Wabenanfängen festgesetzt. Ist alles ruhig, so wird das Vorfenster dicht hinter den eingehängten Stäbchen eingestellt und die Wohnung verschlossen. Einfacher noch vollzieht sich das Einbringen eines Schwarms in eine Dzierzonsche Wohnung, wenn man ihn aus dem Schwarm= korbe auf einen geglätteten Pappbogen ausstößt, diesen dann an den beiden Seiten faßt, wobei er sich muldenförmig zu= sammenbiegt, ihn dann mit der vordern Seite in den geöffne= ten Kasten bringt, ihn hinten in die Höhe hebt und die Bienen in den Stock hinein gleiten läßt. Die wenigen am Pappbogen sich etwa festklammernden Bienen werden mit einer straffen Feder abgestreift, der Stock geschlossen und die Sache ist abgemacht.

Natürliche Schwärme kann man an jedem beliebigen Orte aufstellen; Trieblinge dagegen müssen an die Stelle des Mutterstocks gestellt werden, wenn sie nicht etwa auf einen entfernten Stand gebracht werden können.

Wann aber soll man alte Bienenstöcke ankaufen und wie müssen dieselben beschaffen sein? —

Es handelt sich hier nur von Bienen in Strohkörben, denn in Dzierzonswohnungen kann man sie ja genau unter= suchen und nach dem Zustande des Volkes den Preis bestim= men. Wer alte Bienen in Strohkörben kaufen will, der kaufe sich solche nur im Frühjahr, wenn die Bienen schon ausflie= gen und aus der Haselnuß oder Salweide Höschen tragen. Kaufe ich im Herbst einen Stock, der seinen Winterbedarf nicht hat und gefüttert werden muß, so kostet mich das Fut= ter eben so viel als der Stock, und im Frühjahr habe ich erst einen Quäler, der nichts zu leisten im Stande ist. Im Herbst kann ich den Flug der Bienen nicht beobachten, der Stock kann weisellos oder volksarm sein. Man kaufe keinen Stock, in welchem die Waben schon alt und schwarz sind. Seitdem ich durch Schaden klug geworden bin, kaufe ich nur im Frühjahr alte Bienenstöcke und zwar solche, die recht stark

fliegen, so daß die Bienen am Flugloche so zu sagen Burzel=
bock übereinander schlagen und reichlich Höschen eintragen.
Junger Bau, starkes Volk, einjährige Königin, reichliches
Höschentragen, machen den Preis eines Bienenstockes von 6
bis 10 fl.

V. Was ist die Hauptsache bei der Bienenzucht, Vermehrung oder Honiggewinnung?

Wie viele angehende Bienenzüchter werden sich wohl
diese Frage vorlegen? Gewiß unter 100 kaum 10; dies be=
weisen die Resultate fast aller Anfänger. Ist und bleibt es
doch ein= für allemal mit dieser Frage eine eigene Sache.
Wo und wann zwei Bienenfreunde sich als solche begegnen
und kennen lernen, immer wird die erste Frage sein: Wie
viele Bienenstöcke haben Sie? Gleichsam als läge in einer
großen Anzahl von Bienenstöcken die Quintessenz der Bienen=
zucht. Und doch ist dem nicht immer so. Alle erfahrenen
Bienenzüchter werden mir beistimmen, wenn ich behaupte, daß
man den praktischen Imker an seinen gefüllten Honigtöpfen
erkennt. Damit aber schließe ich die Vermehrung eines Bie=
nenstandes nicht aus, sondern ich will damit sagen, daß neben
einer mäßigen Vermehrung seiner Bienenvölker die Haupt=
sache ist und bleibt: die Honiggewinnung.

Hier sind nun drei Fragen zu beantworten:

a. Wie ist zu vermehren?
b. Welches sind die am häufigsten vorkommenden Vermeh=
rungsarten?

c. Wie ist von den zur Honiggewinnung bestimmten Völkern der größtmöglichste Ertrag zu erzielen?

a. Wie ist zu vermehren?

Jeder Bienenzüchter muß, wenn er rationell verfahren will, sich ein Ziel stecken, bis zu welcher Anzahl er seine Bienenstöcke vermehren will. Sei es nun auf 10, 20, 50, 100, oder auch wie Dzierzon, auf 365 überwinterungsfähige Völker.

So lange die festgesetzte Zahl nicht erreicht ist, vermehre man alljährlich nur mäßig, d. h. man bestimme ein Drittel seiner Bienenvölker zur Vermehrung und zwei Drittel derselben lediglich zur Honiggewinnung. Ist die festgesetzte Zahl erreicht, so wird nicht mehr weiter vermehrt, sondern dieselbe nur beibehalten.

b. Die verschiedenen Arten der Vermehrung oder Fortpflanzung: 1) in Strohkörben und 2) in Dzierzons-Bienenwohnungen. Die Vermehrung der Bienen in Strohkörben geschieht am häufigsten durch die natürlichen Schwärme.

Wenn die Haupttrachtzeit bereits eingetreten ist, wenn im Bienenstocke alle Waben mit Brut besetzt und mit Honig gefüllt sind, wenn im Innern der Wohnung ein hoher Wärmegrad herrscht, und die Wohnung das Volk nicht mehr zu fassen vermag, so daß ein Theil desselben müssig vor dem Flugloche liegt, dann treibt der Instinkt die Bienen zur Vermehrung. Die Arbeitsbienen setzen Weiselzellen an und sobald dieselben bedeckelt sind, oft früher oder auch später, je nach der Witterung, zieht ein Theil des Volkes mit der alten Königin aus und hängt sich an einem Baume, einem Strauche u. dgl. m. an, von wo derselbe dann in einen bereitstehenden Strohkorb gefaßt wird.

Hängt derselbe an einem dünnen Ast oder Zweig, so halte ich mit der einen Hand den Strohkorb darunter und schlage mit der andern Hand einige Mal auf den Ast oder Zweig und der Schwarm mit der Königin fällt in den Korb.

Hat sich aber der Schwarm an einem Baumstamm, an einer Mauer, auf der Erde ec. ec. angelegt, so daß er nicht abgeschüttelt werden kann, so schöpfe ich denselben mit einem Löffel ein, oder scharre ihn mit einem Brettchen von einem Cigarrenkästchen, oder mit einem Gänseflügel ein, weil die Bienen durch das Abkehren mit einer Bürste sehr gereizt werden. Hängt der Schwarm z. B. an einem Stamm, so scharre oder schöpfe ich die Bienen nicht von oben herunter, sondern von unten nach oben ab, damit keine Bienen erdrückt werden.

Ist der Schwarm eingebracht, so lasse man denselben an der Schwarmstelle stehen, bis sämmtliche Schwarmbienen, die man nicht gleich anfänglich in den Korb gebracht hat, aufgezogen sind und sich im Haupt desselben in eine Traube zusammengezogen haben, sorge aber dafür, daß derselbe gehörig beschattet werde, denn wenn der Korb von den Sonnenstrahlen getroffen wird, so zieht der Schwarm oft wieder aus, sucht das Weite und hinterläßt dem Eigenthümer das Nachsehen und eine leere Wohnung.

Die ersten Schwärme mit der alten Mutter heißen Vorschwärme. Sie erscheinen an warmen, windstillen Tagen von Morgens 9 bis Nachmittags 2 Uhr.

Vorbedeutungen des baldigen Schwärmens sind:

Das Fliegen der Drohnen, das Vorliegen der Bienen, besonders wenn unter den vorliegenden Bienen sich welche befinden, die ihre Höschen nicht ablegen. Doch kann man sich auf diese Vorboten des Schwärmens nicht bestimmt verlassen.

Ich habe Fälle gehabt, daß aus einem Stocke viele Drohnen flogen und wiederum solche, daß ein Volk wochenlang vorlag, ohne zu schwärmen.

Durch das Unter= und Aufsetzen leerer Ringe, kann das Schwärmen nicht verhindert werden. Ich habe es damit öfter versucht, ohne ein günstiges Resultat erhalten zu haben, denn sind die Stöcke schwarmfähig und haben sie schon Weiselzellen angesetzt, so lassen sie sich wohl durch die Ungunst der Witterung, nicht aber durch Auf= oder Untersätze vom Schwärmen abbringen.

Das sicherste Zeichen, ob ein Stock schwärmen will, ist das Ansetzen von Weiselzellen.

Das müßige Vorliegen seiner Bienen dulde man auch keine zwei Tage. Sobald ein Stock dieses thut, gebe man ihm einen kleinen Aufsatz; hat man keine Strohstülpe, so kann es ein Kistchen, ein Blumentopf u. dgl. sein. Läßt der Stock alsdann das Vorliegen nicht, so wird zur künstlichen Vermehrung geschritten. Bevor ich aber zur Besprechung der künstlichen Schwärme komme, noch etwas über die Nach=schwärme. Beim Abgang der alten fruchtbaren Mutter mit dem Vorschwarme, sind in der Regel eine Anzahl bedeckelter Weiselzellen da. Die Bienen schwärmen auch öfter schon vor der Bedeckelung der Weiselzellen, höchst selten aber dann, wenn noch gar keine Anstalten zur Erbrütung junger König=innen getroffen sind und die Bienen solche erst nach dem Abzug der Altmutter treffen.

Wird der Schwarmakt durch ungünstige Witterung ver=zögert, so gelangen die jungen Königinnen zur Reife, beißen die Deckel ihrer Zellen los und laufen aus, oder auch, was häufiger geschieht, sie halten sich in ihren Zellen eingesperrt, oder auch, die Weiselzellen werden von den Arbeitern aufgerissen und die königlichen Nymphen von denselben herausgeworfen.

In diesem Falle gibt das Volk das Schwärmen gänz=lich auf, oder auch es werden später wieder neue Weiselwie=gen angesetzt.

Sind beim Abzuge der alten Königin mit dem Vor=schwarme, bedeckelte Weiselwiegen vorhanden, so wird nach einigen Tagen die zuerst reife Königin aus ihrer noch ge=schlossenen Zelle den Ton „quack, quack" hören lassen und wenn nicht geantwortet wird, so läuft sie aus. Sobald noch eine oder mehrere Königinnen zum Auslaufen reif sind, las=sen auch sie sich vernehmen, indem sie „quack, quack" schreien, worauf diesen dann die bereits ausgelaufene Königin mit „tüt, tüt" antwortet.

Diese Töne hört man gewöhnlich 2 bis 9 Tage nach dem Abzuge der alten Königin mit dem Vorschwarme, an lauen, windstillen Abenden so laut, daß sie noch einige Schritte vom Bienenstande ab vernehmbar sind und man kann dann gewiß sein, daß in den nächsten Tagen, sofern es die Witterung erlaubt, ein Nachschwarm kommt. Im Sommer 1861 kam mir zwar vor, daß die jungen Königinnen in einer Berlepschbeute tüteten, die keinen Nachschwarm gab, sondern die überzähligen Königinnen darin getödtet wurden. Wenn zur Schwarmzeit die alte fruchtbare Königin eines volk= und brutreichen Bienenvolks mit Tod oder sonst wie abgeht, so schwärmt ein solcher gewöhnlich ein= oder mehrmal. Das Verhalten ist ganz dasselbe wie bei regelmäßigen Nachschwär= men. Die Imker nennen den ersten Schwarm eines solchen Biens, Singervorschwarm, weil ihm wie jedem Nachschwarm das „Tüten und Quaken" vorausgeht.

Gibt ein Vorschwarm im selbigen Jahre noch einen Schwarm, so heißt derselbe Jungfernschwarm.

Nachschwärme muß man zu vermeiden suchen, denn nicht allein, daß die Mutterstöcke durch dieselben sehr volks= arm oder auch weil sie häufig weisellos werden, da im Schwarm= tumult öfter alle vorhandenen jungen Königinnen mit aus= ziehen und keine mehr im Mutterstocke bleibt, sondern auch weil die Bienen beim Schwärmen jedesmal eine große Quan= tität Honig aus den Zellen mitnehmen, wodurch der Stock auch honigarm wird. Ein Bienenstock, der mir einen starken Maischwarm gegeben, hat gewiß seine guten Prozente gebracht und soll er nicht zu Grunde gerichtet werden, so darf dem= selben kein Honig mehr genommen und müssen die Nach= schwärme verhütet werden. Die Nachschwärme verhüte man dadurch, daß man dem Mutterstocke alle Weiselzellen aus= schneidet bis auf eine der schönsten, oder wenn dies nicht

möglich ist, wie z. B. in einem Strohkorbe und ein Nach=
schwarm erfolgt, so fange man demselben die Königin aus,
dann werden die Bienen wieder in ihren Stock zurückfliegen.
Findet man die Königin nicht in dem Bienenklumpen, so
macht man die Bienen tüchtig naß und schüttet sie auf ein
ausgebreitetes Tuch, oder auch auf ein Brett, damit man die
Königin leichter suchen kann. Sobald die Bienen trocken sind,
fliegen sie wieder auf. Dieses Bad muß zur Mittagszeit und
im Sonnenschein vorgenommen werden.

Will man an einem abgeschwärmten Mutterstocke etwas
verbessern, so schneide man demselben, sobald seine junge Kö=
nigin die Eierlage begonnen hat, die vorhandenen Drohnen=
zellen aus, soweit man dieselben mit dem Messer erreichen
kann und fange mit der beschriebenen Drohnenfalle die Droh=
nen ab. Nur dadurch wird man überwinterungsfähige Völker
erhalten, die im nächsten Jahre einen sichern Ertrag liefern.
Läßt man aber das übermäßige Drohnenwachs stehen, fängt
man eine Unmasse von Drohnen nicht ab, oder ist man gar
noch so geizig und unbarmherzig, abgeschwärmten Stöcken
von ihren Wintervorräthen zu nehmen, dann wird man nie
auf einen grünen Zweig kommen mit seiner Bienenzucht.

Ich wiederhole aber nochmals: der abgeschwärmte Stock
muß so lange ruhig stehen bleiben, bis die junge Königin
fruchtbar ist, denn hängt man dem Stocke die Drohnenfalle
an, ehe die junge Königin begattet ist, so kann dieselbe keine
Begattungsausflüge machen, weil sie den engen Blechkanal
für die Arbeiter nicht passiren kann, oder sie wird mit den
Drohnen abgefangen und bleibt unfruchtbar oder geht verloren.

Schneidet man einem Stocke das Drohnenwachs aus,
bevor er eine fruchtbare Königin hat, so baut das Volk ent=
weder gar nicht, oder nur Drohnenzellen. —

Die Schwärme in unserer Gegend haben nur dann
Werth, wenn sie im Mai kommen. Deßhalb muß bei Stöcken,
die schwarmfähig sind und dennoch aus irgend welchem Grunde

nicht schwärmen wollen, die künstliche Vermehrung angewandt
werden. Bei der künstlichen Vermehrung brauchen wir nicht
zu warten, bis es den Bienen gefällig ist zu schwärmen und
brauchen nicht zu dulden, daß sie wochenlang müßig vorlie=
gen und somit die Haupttrachtzeit unbenützt vorübergehen
lassen und uns nach derselben oft noch mit unnützen Schwär=
men belästigen. Durch die künstliche Vermehrung haben wir
die Biene in unserer Gewalt, wir brauchen uns nicht nach
ihrer Laune zu richten, sondern sobald der Zustand eines
Stockes derart ist, daß er eine Theilung in zwei Völker zu=
läßt, können wir denselben zwingen dies zu thun.

Gerade die künstliche Vermehrung ist es, wodurch Zucht
und Ordnung in unsere Imkerei gebracht wurde. Doch hüte
man sich dabei vor Uebereilung und befolge auch hier, was
bereits über die Vermehrung im Allgemeinen gesagt wurde.
Wann ist ein Bienenstock schwarmfähig, d. h. wann kann
man von ihm einen künstlichen Schwarm machen? Der Stock
muß nicht nur volkreich, sondern auch honigschwer und alle
Waben bis herunter auf den Boden dicht mit Brut besetzt sein.

Es gibt mehrere Arten der künstlichen Vermehrung in
Strohkörben, allein die zweckmäßigste und von mir seit vie=
len Jahren mit Erfolg in Anwendung gebrachte Methode
ist das Abtrommeln.

Das Theilen eines Stockes in zwei habe ich auch öfter
gethan, allein diese Vermehrungsart ist zu gewaltsam und
der Erfolg ein sehr unsicherer. Obgleich ich nun zu einer
Theilung nicht rathen kann, so will ich doch auch diese Ver=
mehrungsart hier beschreiben, zumal da mir der Fall vorkam,
daß ein Stock seiner Schwere und Größe wegen nicht abge=
trommelt werden konnte und ich eine Theilung vornehmen
mußte.

1. Zuerst also über das Abtrommeln.

Will ich überhaupt noch vermehren und ich habe einen
Stock der schwarmfähig ist, so warte ich auch keinen Tag

mehr einen natürlichen Schwarm ab, sondern schreite sofort
zur künstlichen Vermehrung.

Beim Abtrommeln verfahre ich also: Liegen an dem
Stock, aus welchem ich einen Schwarm abtrommeln will,
Bienen vor, so treibe ich dieselben mit der Pfeife in die
Wohnung oder wenn es gar zu viele sind, so kehre ich die=
selben in einen leeren Korb und stelle denselben auf die Stelle
des Mutterstockes, da ja ohnehin während der Operation des
Abtrommelns eine leere Wohnung dastehen muß, um die vom
Felde heimkommenden Bienen einstweilen aufzunehmen.

. Den Mutterstock, so nenne ich den Stock, von dem
ich einen Schwarm abtrommeln will, trage ich an eine entle=
legene Stelle des Gartens. Hier angekommen, stelle ich den=
selben auf den Kopf, d. h. ich stelle was unten war oben
hin, so daß das Flugbrett zu oberst ist. Dasselbe breche ich
jetzt ab und mein Junge stülpt schnell den leeren Korb auf
die offenstehende Wohnung. Damit die Bienen an der Stelle,
wo beide Wohnungen aneinander stehen, nicht herauslaufen
können, so wird schnell ein in Bereitschaft liegendes Handtuch
um diese Fuge gebunden. Oben auf der leeren Wohnung
verschließe ich das Spundloch mit einem Glase, welches ich
mit einem Papier oder Lappen zudecke. Kann ich den Korb
nicht etwas in die Höhe stellen, und muß ich denselben auf
der Erde stehen lassen, so knie ich mich davor, lege meine
Taschenuhr neben mich, nehme 2 Stäbchen zur Hand und
fange an zu beiden Seiten des untersten Strohringes 5 Mi=
nuten lang leise zu klopfen. Darnach klopfe ich ebensolange
beim zweituntersten Ringe und sofort bis zum obersten. Beim
untersten Ring klopfe ich in der Regel etwas länger, bis die Bie=
nen voll Honig gesogen und der Schwarmton begonnen hat.
Ist der Strohkorb eine Stülpe, dann gehe ich mit dem Klopfen
immer handbreite Stellen weiter. Dabei hüte ich mich aber,
bald hie, bald da, oder bald unten bald oben zu klopfen, weil
sonst die Königin, statt aufwärts in den leeren Korb zu lau=

fen, wieder abwärts geht. Der Gehilfe muß während des Klopfens die leere Wohnung festhalten, denn bewegt sich dieselbe, so wird die Königin stutzig gemacht und zieht wieder zurück. Bin ich mit dem Klopfen am obersten Ring des Mutterstockes angekommen, dann sehe ich oben an dem Glase nach, ob ein ziemlicher Schwarm aufgezogen ist. Als das sicherste Zeichen, ob ich die Königin habe, gilt mir, wenn die Bienen oben am Glase sich ringsum ruhig angesetzt haben. Ist dies der Fall, dann nehme ich den Schwarm und trage ihn auf den Stand an die Stelle, wo der Mutterstock stand und wo ich während des Abtrommelns eine leere Wohnung hingestellt hatte. Diese stelle ich auf den Boden, von wo aus die darin befindlichen Bienen dem Schwarme zufliegen. Ziehen diese Bienen freudig sterzend in die Wohnung und kommen nicht wieder unruhig zurück, dann habe ich die Königin und meine Operation ist gelungen. An dem Verhalten des Mutterstockes kann ich auch wahrnehmen, ob die Königin nicht mehr darin ist, weil in diesem Falle die Bienen ängstlich suchend am Korbe umherlaufen.

Man kann sich auch noch auf folgende Weise von dem Vorhandensein der Königin im Schwarme überzeugen, indem man ein schwarzgefärbtes Papier auf das Bodenbrett legt. Die Königin, welche zur Zeit der stärksten Eierlage die Eier nicht lange zurückhalten kann, läßt dieselben fallen und sobald man diese auf dem schwarzen Papier wahrnimmt, besteht kein Zweifel mehr über das Vorhandensein der Königin. Sollte die Operation nicht gelungen sein, was ich besonders daran erkenne, wenn der Schwarm nach einiger Zeit wieder ausziehen will, dann darf man es sich nicht verdrießen lassen, dieselbe sogleich oder am andern Tage zu wiederholen. Ich thue dies immer gleich, da ich in diesem Falle nur wenige Minuten mehr zu trommeln brauche, weil die Königin durch das freudige Summen der Bienen angelockt, meistens sogleich in den obern Korb läuft.

Ich trommle meine Schwärme zur Zeit des stärksten Fluges am Tage aus, weil da wenige oder keine Bienen vorliegen und der Schwarm später durch die heimkehrenden Bienen ungemein verstärkt wird.

Aus diesem Grunde halte ich beim Abtrommeln auch weniger auf viele Bienen, als auf die Königin, indem die vom Felde kommenden Arbeiter dem auf der Stelle des Mutterstockes stehenden Schwarme zufliegen.

Wo wird nun der Schwarm und wo der Mutterstock aufgestellt?

Bei einem künstlichen Schwarm ist es nicht wie bei einem natürlichen oder freiwilligen. Diesen kann ich aufstellen wo ich will, selbst dicht neben dem Mutterstocke, ohne daß sich die Bienen in diesen verfliegen und der Schwarm volksarm wird. Anders aber verhält es sich bei einem künstlichen Schwarme.

Stelle ich diesen in der Nähe des Mutterstockes auf, so fliegen die meisten Bienen wieder demselben zu und der Schwarm wird so entvölkert, daß er nichts leisten kann. Ich lasse daher den Schwarm auf der Stelle des Mutterstockes stehen und stelle diesen auf einer andern Stelle auf, je weiter vom Schwarme entfernt, desto besser.

Freilich wird derselbe anfangs schwach fliegen, allein da ja täglich Brut ausläuft, so wird auch der Flug mit jedem Tage stärker. Früher habe ich dem Schwarme die halbe Stelle des Mutterstockes gegeben, habe aber die Erfahrung gemacht, daß dem Mutterstocke die Mehrzahl der Bienen zufliegt und der Schwarm schwach bleibt. Das beste ist gewiß, wenn man den Schwarm eine halbe Stunde Weges bei einem Freunde oder auf einem zweiten Stande aufstellen kann. Der Mutterstock behält in diesem Falle den alten gewohnten Flug und vom Schwarme verfliegen sich keine Bienen.

Herr v. Berlepsch räth an, dem Schwarm die Stelle des Mutterstockes einzugeben und diesen an die Stelle eines andern volkreichen Stockes zu stellen. Dies scheint mir sehr praktisch zu sein. Der Schwarm wird sehr stark, weil sich keine Bienen verfliegen und zudem bekommt er später noch alle alten Bienen des Mutterstockes, welche schon ausgeflogen waren, oder in den nächsten Tagen noch ausfliegen.

Dem Mutterstocke aber fliegen viele Bienen des Stockes zu, auf dessen Stelle er zu stehen kommt, wodurch derselbe wohl eben so volksstark wird, als er vorher war und gibt ganz sicher nach 14 Tagen, wenn die jungen Königinnen auslaufen, einen tüchtigen Zweitschwarm. Derselbe ist seiner jungen Königin wegen mehr werth, als wenn mir der ver= stellte Stock, auf dessen Stelle der Mutterstock steht, vielleicht jetzt auch erst einen, vielleicht aber auch gar keinen Schwarm gegeben hätte. Trommele ich auch erst anfangs Mai aus, so fällt bei dieser Methode auch der Zweitschwarm noch im Mai.

Einen weisellosen Stock darf ich mit jedem andern Stocke verstellen, einen Stock aber mit einer Königin nicht; denn würde ich einen solchen mit einem andern Stocke verstellen, so würden die ankommenden Bienen die Königin in den meisten Fällen umbringen. Viele unserer alten Bienenhalter schütteln freilich die Köpfe, wenn von der künstlichen Ver= mehrung die Rede ist und sie haben wohl auch recht, wenn sie sagen, mit einem freiwilligen Schwarme gehe es leichter, weil man diesen an jedem beliebigen Orte aufstellen könne, ohne daß sich Bienen verflögen.

Ja wenn die Bienen nur immer schwärmten, wenn wir es haben wollten, also zu Anfang unserer Haupttracht und uns nicht Wochen lang vergeblich auf die Schwärme warten ließen und am Ende gar noch durchbrennten, — ja dann würde ich auch schwärmen lassen und selbst dann nicht einmal.

Da es aber nun einmal feststeht, daß die Bienen nicht immer zur rechten Zeit schwärmen, oder auch, daß sie gar nicht schwärmen und wenn, daß sie häufig davonfliegen, so liegt es im Interesse des Bienenzüchters, insofern er noch in der Vermehrung seines Bienenstandes begriffen ist, daß er ein Drittel seiner Bienenstöcke, sobald sie schwarmfähig sind, künstlich vermehrt.

2. Die künstliche Vermehrung durch Theilung.

Diese Vermehrungsart habe ich in der ersten Zeit meines Bienenzuchtbetriebes öfter angewendet, allein nicht mit so gutem Erfolge, als dies beim Abtrommeln der Fall war, weßhalb ich in der letzten Zeit nur abtrommelte.

Beim Theilen der Stöcke verfuhr ich im Wesentlichen also: Der schwarmfähige Stock wird gegen Abend mittelst einer Drahtsaite durchschnitten und zwar, ist die Anzahl der Ringe eine gerade, 2, 4 oder 6, in der Mitte, so daß ein Theil so groß wird als der andere. Sind aber 3, 5 oder 7 Ringe, so bleibt die größere Hälfte für den untern Stock. Die Königin ist meistens in dem obern Theile. Derselbe wird nun abgehoben und auf einen leeren, daneben bereitstehenden Ring gesetzt. Der untere Theil wird mit einem Deckel versehen und gut verschmiert.

An dem Verhalten der Bienen erkenne ich bald, welcher Theil die Königin hat; dieser ist dann der Mutterstock und der andere, welcher sich erst eine junge Königin erbrüten muß, der Ableger. Derselbe bleibt auf der alten Stelle stehen, damit ihm die meisten Bienen zufliegen. Sollte man sich an diesem Tage nicht überzeugen können, in welchem Theile die Königin sei, so kann man dies am nächsten Morgen mit größerer Gewißheit, weil der weiselose Theil in den meisten Fällen schon in der ersten Nacht Weiselzellen ansetzt. Ueber das Aufstellen des Mutterstockes beobachte man im Allgemeinen was darüber beim Abtrommeln gesagt ist.

Der Ableger erbrütet mehrere Königinnen und gibt am 14. oder 15. Tage einen Nachschwarm, insofern ihm nicht die überzähligen Weiselzellen ausgeschnitten werden. Diese Vermehrungsart läßt sich nur bei theilbaren Wohnungen anwenden. Während ich mit dem Drahte den Bau durchschneide, hält ein Gehilfe den obern Theil etwas in die Höhe. Man schneide aber ja nicht die Waben vom flachen Theile her, sondern von den Kanten, damit sich dieselben nicht zusammendrücken und viele Bienen umkommen.

Bei dieser Vermehrungsart hat freilich jeder Stock sogleich eine Aussteuer, allein damit ist nicht viel gewonnen, indem der obere Theil den Honig hat und der untere die Brut.

Falls sich nun die Königin nicht im obern Theil befindet und, was ja leicht der Fall sein könnte, auch keine Brut zur Erbrütung einer solchen vorhanden ist, so ist dieser Theil verloren, trotz seines Honigvorrathes. Stellt sich nicht nachhaltig gute Witterung ein, so daß der untere Theil die leer werdenden Zellen mit Honig füllen, sich also noch seinen Winterbedarf eintragen kann, dann ist es auch um ihn geschehen.

Der Leser wird aus dem Gesagten wohl ersehen, daß diese Vermehrungsart zu gewagt ist, als daß man zu derselben rathen könnte.

3. Die künstliche Vermehrung in Dzierzons = Bienen= Wohnungen.

In diesen Wohnungen ist die künstliche Vermehrung, so zu sagen, eine Spielerei und der Erfolg, wenn die Trachtverhältnisse gut sind, ein gesicherter.

Zuerst nun die Frage:

„Wann darf ich von einem Dzierzonsstock einen Ableger machen? und zweitens, wie soll ich denselben machen?"

Nur dann, wenn eine Dzierzonswohnung ausgebaut ist, wenn alle Waben mit Brut besetzt und mit Honig gefüllt sind, schreite ich zum Ablegermachen.

Dabei verfahre ich also:

Zur Zeit des stärksten Fluges stelle ich eine leere Dzierzonswohnung neben den Stock, von dem ich einen Ableger machen will. Ich nehme eine Wabe nach der andern heraus und hänge dieselbe auf den Wabenknecht. Damit fahre ich fort bis zu der Wabe, auf welcher die Königin sitzt.

Diese Wabe hänge ich dann zuerst in die leere Wohnung, dazu noch 4 bis 6 bedeckelte Brutwaben und ebenso viele Honigwaben, nebst einigen leeren Waben oder Stäbchen mit Wabenanfängen. Den Ableger stelle ich in einiger Entfernung vom Mutterstocke auf. Habe ich vorräthige Waben, so hänge ich dieselben dem Mutterstocke ein, die alsbald von den Bienen mit Honig gefüllt werden. Ueberhaupt wird ein Stock, dem ich die Königin nehme, der also nur noch einige Tage und dann erst nach einem Monat wieder Brut zu versorgen hat, ungemein honigreich, weil aller eingetragene Honig aufgespeichert wird und die Arbeiter ohnedies mehr auf Honig ausfliegen können, da sie, weil keine Brut zu versorgen ist, weniger Blumenmehl und Wasser nöthig haben.

Nach 9 Tagen muß ich den Mutterstock untersuchen und alle vorhandenen Weiselzellen bis auf die schönste ausschneiden, um ja die Nachschwärme zu verhüten.

Fehlt es dem Ableger später an etwas, so kann ich ihm ja jederzeit das Fehlende aus starken Stöcken zutheilen; ebenso muß ich den entweiselten Mutterstock beobachten, ob er auch eine fruchtbare Königin erhält und ich ihm, wenn dies nicht der Fall ist, noch zeitig dazu verhelfen kann.

Wer noch Strohkörbe hat, der gebraucht am besten diese zur Vermehrung und läßt seine Dzierzons ungetheilt stehen, um mit denselben um so sicherer eine Honigernte zu erzielen. Für denjenigen aber, der keine Strohkörbe mehr hat und schon eine ziemliche Anzahl, etwa 20, mächtige Beuten besitzt, räth v. Berlepsch folgende Vermehrungsart an:

Ich nehme eine leere Beute und hänge dieselbe mit 20, mit Brut besetzten Waben im Brutraume vollständig aus. Der Brutraum kann auch mehr oder weniger Waben fassen. Die Waben entnehme ich den mächtigsten Beuten und lasse alle Bienen daran sitzen, achte aber darauf, daß sich keine Königin auf diesen Waben befindet. Dies ist nun ein kolossales Volk ohne Königin. Der Stock kann an jeder beliebigen Stelle aufgestellt werden, denn da die Bienen auf den Brutwaben meistens junge sind, so werden sich wenige verfliegen, trotzdem aber verstelle man diese Beute mit einem mächtigen Volke. Täglich wird die Volksmasse kolossaler und nach 15 bis 16 Tagen fällt ein solch' freiwilliger Riesenschwarm mit junger Königin, wie die meisten Leser noch keinen gesehen haben. Solche Schwärme bauen in 8 Tagen eine ganze Beute voll der schönsten Arbeitertafeln.

Ich komme nunmehr zur Beantwortung der Frage:

c. „Wie ist von den zur Honiggewinnung bestimmten Bienenstöcken der größtmöglichste Ertrag zu erzielen?"

Tausende von Zentnern Honigs könnten jährlich in Deutschland mehr gewonnen werden, würden viele Bienenhalter ihre Bienen nicht nutzlos brüten und bauen lassen.. Es gibt sogar viele Bienenzüchter, die ihre Stöcke durch eine unverständige Behandlung, z. B. durch Untersetzen leerer Ringe, oder durch das Beschneiden der Stöcke im Frühjahre zu unnützem Brüten und Bauen reizen und den Honigertrag verkürzen. Durch das Untersetzen wird das Brutnest erweitert und das Brutgeschäft vermehrt; die Bienen müssen daher den gesammelten Honig zur Wachsbereitung und zu Futterbrei verwenden, was Beides eine große Quantität Honig erfordert, sonach eine reiche Honigernte geradezu unmöglich macht. Zeit ist auch hier Kapital, ist Honig, ten die Bienen im andern Falle aufspeichern könnten.

Dies Alles ist praktisch erwiesen. Hätte ich z. B. im Jahre 1861 nicht eine große Anzahl leerer Waben aus den ärmeren Jahren her gehabt, hätten also meine Bienen in der Kohl- und Wiesenblüthe erst Wachs erzeugen und Waben bauen müssen, so wäre ich nicht im Stande gewesen über 100 Prozent zu vermehren und dabei noch eine reiche Honigernte zu machen. Freilich bestanden meine Bienenstöcke im Frühjahr auch nicht in schwachen Strohkörben, sondern in volkreichen Verlepschbeuten.

Sobald der Brutraum ausgebaut und von Drohnen=
wachs so viel als möglich befreit ist, so lasse man die Bienen
nie anders als im Honigraume bauen; sei dieser nun hinter,
neben oder über dem Brutraume.

Im Frühjahre dürfen die Stöcke nicht beschnitten wer=
den, selbst das Drohnenwachs muß stehen bleiben, wenn man
nicht die Lücken, welche durch das Ausschneiden desselben
entstehen, durch Arbeiterzellen ausfüllen kann, weil ja die
Bienen zu dieser Zeit doch wieder Drohnenwachs bauen.

Das Drohnenwachs schneide man erst nach der Schwarm=
zeit aus, sobald der Stock eine junge, eierlegende Königin hat,
weil solche Stöcke in der Regel nur Arbeiterwachs bauen.

Strohkörbe erweitere man nie nach unten, sondern im=
mer nach oben und gebe nur kleine Aufsätze.

Wird nach unten erweitert, so wird das Brutnest ver=
größert und überdies der Drohnenvermehrung Thür und Thor
geöffnet.

In Dzierzons wird in diesem Falle der Honigraum
geöffnet. Derselbe muß jedoch sorgfältig vom Brutraume ab=
geschlossen werden, damit die Königin nicht in denselben ge=
langt und durch ihre Eierablage die Honigernte vereitelt.

Bei mir am Glan fällt die Haupttrachtzeit in die Kohl=,
Baum= und Wiesenblüthe, also vor Johanni. Alle Bienen
demnach, welche nicht wenigstens 14 Tage vor Johanni auf
Tracht ausfliegen können, werden nicht nur nichts mehr zu
leisten im Stande sein, sondern sie verzehren in den meisten
Fällen mehr, als sie eintragen.

Habe ich ein Bienenvolk, dessen Wohnungen nach allen
Dimensionen ausgebaut ist, oder bin ich im Besitze leerer
Tafeln, so daß ich den noch leeren Theil der Wohnung da=
mit ausfüllen kann, das Volk also keine Tafeln zu bauen
braucht, dann nehme ich im Mai bis Anfang Juni, also in
der Schwarmzeit, demselben sofort seine Königin heraus.
Dadurch haben die Bienen nach 8 Tagen keine Brut mehr

zu versorgen, aller gesammelte Honig wird aufgespeichert und bis die junge Königin fruchtbar wird, ist der Stock voll Honig wie ausgemauert und die junge Königin findet kaum einige Zellen, um Eier absetzen zu können.

Fange ich die Königin aus, ehe die Wohnung ausgebaut ist, und kann ich dieselbe auch nicht mit leeren Waben ausfüllen, dann werden die vorhandenen Waben ebenfalls mit Honig gefüllt, allein der noch übrige leere Theil der Wohnung wird nicht ausgebaut, weil ein weiselloses Volk nicht baut, höchstens bei reicher Tracht und dann nur Drohnenzellen.

Nach 9 Tagen müssen die Weiselzellen bis auf eine ausgeschnitten werden, der Nachschwärme wegen.

Das Ausfangen der Königin, so wie es hier erzählt wurde, ist das sicherste Mittel seine Stöcke honigreich zu machen.

Die ausgefangenen Mütter werden beim Ablegermachen verwendet, oder zu Reservköniginnen bestimmt. In bessern Jahren, wie z. B. im Jahre 1861, kann man aus solchen Ablegerchen und Reservstöcken überwinterungsfähige Völker erziehen und in schlechtern Jahren kann man sie gegen Herbst zu solchen vereinigen. Auf einem Bienenstande tritt ohnehin öfter Weisellosigkeit ein und man kann dann solche Reservmütter mit großem Vortheil gebrauchen.

VI. Fütterung der Bienen.

Wann soll Fütterung stattfinden und wie ist dabei zu verfahren?

Fütterung sollte bei den Bienen nie nothwendig werden, allein sie wird dies hie und da und besonders bei Anfängern

nicht selten. Von den wenigen Bienen, welche Anfänger be=
sitzen, wollen sie keinen abstellen, weil sie mehr auf viele als
auf gute Stöcke halten. Ihren bessern Stöcken können sie
keinen Honig entnehmen zur Aussteuer der schwächern und
von einer Vereinigung wollen sie wieder nichts wissen der
Anzahl ihrer Stöcke wegen. Was ist nun hier zu thun?

Im August, oder sobald die Tracht zu Ende ist, müs=
sen alle Bienenvölker untersucht werden, ob sie fruchtbare
Königinnen und den erforderlichen Winterbedarf an Honig
haben. Fehlt es an dem Einen oder Andern, so muß jetzt
gleich nachgeholfen werden und es entsteht die Frage:

Wie sind Bienen, die ihren Winterbedarf nicht haben,
überwinterungsfähig zu machen?

Strohkörben kann man eine Stülpe bedeckelten Honig
aufsetzen und Dzierzons kann man Waben mit solchem Honige
einhängen, wenn man beide hat oder haben kann. Dies ist
die natürlichste, mithin gesundeste und am wenigsten Mühe
verursachende Fütterung. Hat man aber keinen solchen Honig,
so muß mit flüssigem Honige oder aufgelöstem Kandis so
lange gefüttert werden, bis der betr. Stock ausgefüttert ist,
d. h. bis er seinen Winterbedarf hat. Amerikanischen oder
Tonnenhonig, überhaupt Honig, für dessen Gesundheit man
keine genügende Bürgschaft besitzt, verwende man nie, aus
Furcht, durch inficirten Honig seine Bienen faulbrütig zu machen.

Das Futter muß Abends spät, in großen Portionen
und nicht zu sehr mit Wasser verdünnt, gereicht werden, da=
mit die Bienen daraus nicht Futterbrei bereiten, sondern den
Honig aufspeichern. Wird die Fütterung im August vorge=
nommen, so können die Bienen noch den Honig bedeckeln und
überwintern gut. Geschieht die Fütterung kurz vor dem Ein=
tritte des Winters, so ist die feste Kandisfütterung anzurathen.

Dabei verfahre ich auf folgende Weise:

Bei Dzierzons schneide ich ein 2 Zoll großes Loch über
dem Wintersitz der Bienen in eines der Deckbrettchen und

stülpe ein Kästchen darüber, das ich mit 2 bis 4 Pf. Kan-
bisstücken dicht ausgesetzt habe. Zu dieser Fütterung nehme
ich nur die weicheren Bodenstücke des Kandis und feuchte sie
vor dem Aufsetzen noch mit Wasser an, damit sie von den
Bienen um so leichter aufgelöst werden können. Alle Fugen
und Ritzen am Aufsatzkästchen müssen sorgfältig verschmiert
werden, damit die wärmere Luft während des Winters nicht
entweichen kann.

Der aufgesetzte Kandis reicht aus bis zum Reinigungs-
ausflug, sobald aber die Bienen diesen gehalten, muß flüssig
gefüttert werden, wie es am Ende dieses Abschnittes bei der
spekulativen Fütterung gesagt ist.

Bei Strohkörben nehme man oben das Glas oder den
Spund ab, lege die Kandisstücke auf die Waben und decke
sie mit Papier zu. Oben auf wird eine Stülpe gesetzt, die
man mit einigen Drahtstiften fest an die Wohnung ansteckt.
Der leere Raum in der Stülpe über dem Zucker wird mit
Grummet ausgestopft und alle Ritzen und Fugen, sowohl
oben am Glase, als auch da wo die Stülpe ringsum auf
der Wohnung aufsitzt, gut verschmiert. Alles Andere wie
beim Dzierzonstock.

Diese Art Fütterung heißt Nothfütterung. Gehen wir
nun zur zweiten Art, zur spekulativen Fütterung. Da es
einmal feststeht, daß bei uns nur solche Bienenvölker etwas
leisten können, die bei Beginn unserer Tracht recht volkreich
dastehen, so habe ich öfter, um dies zu ermöglichen, die spe-
kulative Fütterung mit Erfolg angewendet. Dabei verfuhr ich
folgendermaßen: Dem Honig oder Kandis, was ich eben habe,
setze ich viel Wasser bei und reiche das Futter lauwarm, Abends
spät, in kleinen Portionen und ein über den andern Abend.

Meine Zeit zur spekulativen Fütterung ist der Monat
April.

Fig. 15.

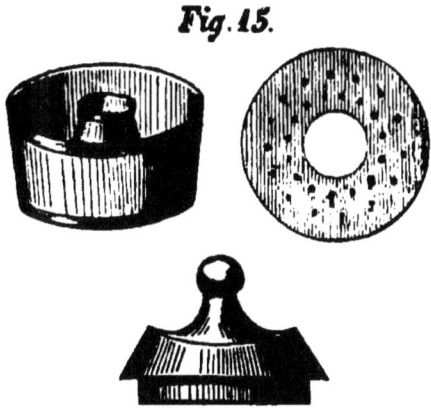

Fig. 15.

zeigt ein Futtergeschirr, in welchem ich meine Bienen mit flüssigem Honige oder aufgelöstem Kandis fütterte.

Das Gefäß stelle ich auf das Spundloch der Stroh= körbe und in Dzierzons auf das in ein Deckbrettchen einge= schnittene 1½ Zoll weite Loch.

Dieses Gefäß ist vom Töpfer gemacht und in der Ge= stalt der bei uns bekannten Ratankuchenschüssel ähnlich. Es faßt ungefähr 2 Schoppen. Durch die vom Boden aus sich erhebende, 1½ Zoll weite Röhre, die 1 Zoll niederer ist als der Rand der Schüssel, laufen die Bienen aus der Wohnung herauf zu dem Futter. Auf das Futter wird ein Stück Gaze oder ein durchlöchertes Brett gelegt, damit keine Bienen im Honig ersaufen. Beim Aufsetzen des Futters lasse ich einige Tropfen durch die Röhre in die Wohnung laufen, damit die Bienen sogleich auf dasselbe aufmerksam gemacht werden.

Das Futtergeschirr kann so lange auf der Wohnung stehen bleiben, bis die Fütterung vorüber ist, weil Raubbie= nen nicht leicht zu demselben gelangen können. Nur sorge man dafür, daß dasselbe bei Strohkörben von Außen außer dem Deckel noch mit einer Strohkappe ꝛc. ꝛc. gut bedeckt wird.

VII. Räuberei der Bienen.

Wie sind Stöcke zu behandeln, an denen Räuberei wahr=
zunehmen ist, oder schon überhand genommen hat?

Sobald die Bienen auf dem Felde keinen Honig finden,
so sind sie geneigt solchen da zu holen, wo sie ihn nur im=
merhin ausfindig machen können. Dies ist besonders der
Fall vor und nach der Trachtzeit, oder wie die alten Bienen=
züchter sagen: „Wenn man Hafer säet, und wenn man Ha=
fer mähet!"

Das Rauben ist eine der größten Plagen bei der Bie=
nenzucht und muß deßhalb durchaus vom Bienenstande ferne
gehalten werden. Früher nahm man an, die Raubbienen seien
eine besondere Art, allein dem ist nicht so, sondern jedes
Bienenvolk und besonders die stärksten können zu Räubern
werden. Auch sind die Raubbienen nicht immer fremde son=
dern oft eigene, d. h. Bienen vom eigenen Stande. Ein
tüchtiger Bienenzüchter hat nichts mit Räubern zu thun,
sondern nur die Stümper und Geizhälse, die ihre Bienen=
stöcke durch Vielschwärmerei und durch Ausschneiden des Win=
terbedarfs an Volk und Honig schwächen.

1. Zuerst nun die Frage: „Wie ist Räuberei zu verhüten?"

Räuberei ist leichter zu verhüten, als zu beseitigen.
Zur Verhütung derselben diene Folgendes:

a. Nie dulde auf deinem Bienenstande schwache, noch
viel weniger aber weisellose Stöcke, weil diese in der Regel
von Nachbarstöcken oder auch von fremden Bienen feindlich
angefallen und ausgeplündert werden.

b. Sorge dafür, daß die Fluglöcher von der Mittags=
sonne nicht mehr beschienen werden, weil in diesem Falle

sich ein starker Honiggeruch verbreitet und fremde Bienen angelockt werden.

c. Nimm den Bienen keinen Honig zur heißern Tageszeit, sonst wirst du ganz gewiß Räuberei verursachen. Die beste Zeit zu diesem Geschäfte sind die Abendstunden oder auch regnerische und kühle Tage. Ueberhaupt sind alle Operationen am Bienenstocke, bei denen das Messer angewendet werden muß, wenn einigermaßen möglich, bis gegen Abend zu verschieben.

d. Bist du gezwungen zu füttern, so thue dies Abends spät, wenn aller Flug eingestellt und Dunkelheit eingetreten ist. Nimm dich dabei in Acht, daß kein Honig verträufelt oder sonst Schmiererei verursacht wird. Am frühen Morgen, bevor der Flug begonnen, müssen alle Futtergeschirre aus den Wohnungen und vom Bienenstande entfernt und nach Hause getragen werden. Wird etwas Futter verschüttet, so ist alle Spur desselben möglichst zu entfernen.

e. Nie dürfen Wabenstücke u. dgl. auf dem Bienenstande liegen bleiben, viel weniger Honigschüsseln u. dgl. Gefäße den Bienen vorgestellt werden. Ich spüle solche Gefäße viel lieber in die Dunggrube aus, als daß ich auf meinem Bienenstande damit Räuberei verursache.

„Wenn man Hafer säet und wenn man Hafer mähet, so gehen die Bienen auf's Stehlen aus!"

2. Was ist also in jener Zeit zu thun, wenn die Bienen draußen nichts mehr finden und sich auf's Rauben verlegen?

Verstopfe alle Fluglöcher so enge, daß nur 4 bis 6 Bienen aus und ein können, je nach Volksstärke, dann sind auch schwächere Völker im Stande die nöthige Wache aufziehen zu lassen, um alle Raubangriffe im Entstehen mit Erfolg zurückzuschlagen. Soll ein starkes Volk beraubt werden, so ist dabei weiter keine Gefahr, weil es die Räuber umbringt, die man dann haufenweise vor dem Stocke liegen sieht. Bei

5*

einem schwachen oder weisellosen Stocke aber wird man selten Beißerei wahrnehmen, weil diese sich nicht zur Gegenwehr setzen. Dieselben müssen Morgens und Abends, vor und nach dem allgemeinen Fluge beobachtet werden. Sieht man zu dieser Zeit bei einem Stocke mit großer Eile Bienen aus- und einfliegen, so ist ganz bestimmt Räuberei im Gange. Hat diese noch nicht zu sehr überhand genommen, und hat das beraubte Volk eine fruchtbare Mutter, so hilft oft ein Verengern und Verblenden des Flugloches. Ich verblende das Flugloch, indem ich ein kleines Brettchen davor stelle, so daß die Bienen nicht mehr von vorn, sondern zu beiden Seiten des Brettchens aus- und einlaufen müssen. Die Bienen des Stockes finden schon den Eingang, die Raubbienen aber nicht so leicht, werden stutzig gemacht und lassen das Rauben. Zugleich kann man das Flugloch mit Knoblauch oder andern scharfriechenden Sachen einreiben, wodurch die beraubten Bienen zur Gegenwehr gereizt werden. Kann man den Räuber ausfindig machen, so lege man demselben Moschus ein, durch den starken Geruch werden dann die Raubbienen von den Beraubten sogleich am Flugloche als Diebe erkannt und zurückgewiesen.

Bei einem Volke, bei dem die Räuberei schon etwas stark vorgeschritten war, wendete ich folgendes Mittel an:

Der Räuber wird zuerst auf folgende Art ausfindig gemacht. Am Abend streue ich auf die abfliegenden Raubbienen Mehl, während mein Junge auf dem Bienenstande, nach welchem dieselben fliegen, beobachtet, in welchen Stock die ankommenden Räuber einziehen.

Nachdem ich bei dem nunmehr zu erzählenden Falle den Räuber auf diese Art ausfindig gemacht hatte, — er gehörte mir — stellte ich denselben, ich will sagen am Montage, in den dunkeln Keller und ließ den Beraubten fliegen. Am Dienstag kam der Beraubte in die Gefangenschaft und der Räuber wurde in Freiheit gesetzt. So wechselte ich fort ab und nach 6 Tagen war keine Spur mehr von Räubern zu bemerken. Das gegenseitige Verstellen, so daß der beraubte Stock den Platz des Räubers einnimmt mag auch öfters helfen, ebenso wenn man die Waben des Räubers mit Säg= mehl bestreut.

Ein weiselloser Stock darf und kann nie geduldet wer= den, weßhalb hier nur noch die Frage zu beantworten ist:

„Was ist mit schwachen Völkern, die beraubt werden, anzufangen, oder auch bei stärkern Stöcken, bei denen obige Mittel, die Räuberei zu beseitigen, nichts helfen?"

Man verstärke den beraubten Stock durch Bruttafeln aus volkreichen Stöcken und trage denselben zu einem entfernt wohnenden Freunde. Läßt der Räuber sein schmutziges Hand= werk nicht und fällt er jetzt andere Völker an, so lege man es ihm dadurch, daß man denselben auch auf einen entlege= nen Bienenstand schafft, oder auch dadurch, daß man einen Ableger von ihm macht, ohne darauf zu sehen, ob er auch stark genug sei dazu, weil es sich hier nur um Beseitigung der Räuberei handelt und die schwachen Ableger aus volk= reichen Stöcken verstärkt, oder auch später vereinigt werden können.

VIII. Krankheiten der Bienen.

Die Bienen werden weniger von Krankheiten heimge= sucht, als durch die Ungunst der Witterung, durch schlechten Honig, durch kühlen Wintersitz, durch Volksarmuth und durch Unruhe zu Grunde gerichtet.

Zu den Krankheiten der Bienen werden hauptsächlich folgende gerechnet:

1. Die Ruhr besteht darin, daß die Bienen den in
ihren Leibern angehäuften Unrath nicht mehr zurückhalten
können, sondern denselben gegen ihre Gewohnheit in der
Wohnung von sich geben müssen und dadurch die Wände
derselben, die Waben und sich selbst gegenseitig in ekelhafter
Weise besudeln. Die Ruhr entsteht, wenn man im Herbste
Honig füttert, der zu viel mit Wasser verdünnt ist, oder
auch und hauptsächlich, wenn man sich bei der Herbstfütte=
rung des amerikanischen Honigs bedient. Ebenso ist es von
nachtheiligen Folgen für die Bienen, wenn sie im Herbste
noch zu viel Honigsäfte eintragen, die nicht mehr bedeckelt
werden können und daher leicht in Säure übergehen.

Haben die Bienen nur Haidehonig in ihren Winter=
sitzen, so stelle man jedem Stocke einige Tafeln Blumenhonig
für den Winter ein, indem der Haidehonig in unserer Ge=
gend die Bienen ruhrkrank macht.

Ursachen der Ruhrkrankheit sind ferner noch: Wenn
die Bienen in ihrem Winterquartier zu lange bleiben müs=
sen, ehe sie sich reinigen können und wenn sie während dieser
Zeit öfter beunruhigt werden durch Mäuse, Vögel, wie z. B.
Spechte und Meisen, durch Gepolter an den Wohnungen
oder auch durch Erschütterungen des Bienenstandes, durch
Sonnenstrahlen u. s. w. Auch wird die Ruhr veranlaßt durch
kalten und nassen Wintersitz der Bienen. Sorge also dafür,
daß die Wohnungen so warmhaltig als möglich gebaut und
so aufgestellt werden, daß Regen und Schnee keinen Einfluß
auf dieselben ausüben können. Sobald im Innern einer
Bienenwohnung Reif und Eis entstehen, so leidet dieselbe an
einem Fehler und die Bienen laufen Gefahr, von der Ruhr
befallen zu werden.

Im Winter 1857 auf 1858 waren meine sämmtlichen
Bienenvölker ruhrkrank. Die Jahre 1857, 58, 59 und 1860
nämlich gehören zu den schlechtesten Bienenjahren, deren sich
hier die ältesten Bienenhalter gedenken. Um die Stöcke einiger=

maßen an der Zahl zu erhalten, nahmen wir, statt alle Vermehrung auszuschließen und die Herbstvereinigung anzuwenden, im ersten Jahre der Theuerung, also im Herbste 1857, unsere Zuflucht zur Fütterung. Statt nun, wie früher und vortheilhaft mit Kandis zu füttern, nahm ich, dem Rathe eines Freundes folgend, meine Zuflucht zu dem billigeren Traubenzucker. Da ich obendrein auch die Fütterung noch etwas spät vornahm, das gereichte Futter also nicht mehr als geläuterter Honig in den Zellen bedeckelt werden konnte, so war die nächste Folge dieser Fütterung, daß meine Bienen von dem sauer gewordenen Zeug die Ruhr bekamen und an Volkszahl zusammenschmolzen, wie der Schnee vor der Märzensonne. Heute noch werde ich durch die aus jener Zeit in den Wohnungen zurückgebliebenen Flecken an diese furchtbare Krankheit mit Wehmuth erinnert.

Der Genuß des Fichten- und Tannenhonigs wird auch zu den Ursachen der Ruhrkrankheit gezählt.

Je kälter die Bienen im Winter sitzen, desto mehr zehren sie und je mehr Futter sie in sich aufnehmen, desto mehr Unrath häuft sich in ihren Leibern an, bekommen demnach um so eher die Ruhr. Je schwächer ein Volk ist und je neuer sein Wabenbau, desto geringer der Wärmegrad im Stocke; je geringer die Wärme im Bienenstocke, desto mehr die Zehrung, wodurch dann, wie schon erwähnt, die Ruhr entsteht. Die Verkühlung im Stocke, rühre sie nun von einem zu jungen und nicht vollständig ausgebauten Wabenbau her, oder auch, daß die Wärme aus den Ritzen und Fugen der Vorfenster und Deckbretter entweicht, verursacht eine Lähmung der Eingeweide der Bienen, wodurch auch die Ruhr entsteht. Daß die Königin nie von der Ruhr befallen wird, wurde schon früher erwähnt. Ich habe die Ruhr als eine höchst gefährliche Krankheit kennen gelernt und muß um so mehr zur Vorsicht mahnen, alles zu vermeiden, was dieselbe erzeugt, weil ein davon befallenes Volk nur durch bald eintretende wärmere Witterung und durch häufige Ausflüge von dieser Krankheit befreit wird. Allein bis dieser Fall eintritt, ist das Volk gewöhnlich so herunter gekommen, d. h. so volks= arm und schwach geworden, daß es nichts mehr taugt. So= bald es die Witterung erlaubt, muß ein ruhrkrankes Volk in eine andere Wohnung umlogirt und die besudelte Wohnung gereinigt werden.

Im Abschn. XIII. die Ueberwinterung betr. ist noch wei= ter von den Vorsichtsmaßregeln gegen die Ruhr die Rede.

2. Die Faulbrut ist bei uns weniger bekannt als die Ruhr, sie kommt seltener vor und tritt oft nur in geringem Grade auf, ohne bemerkt zu werden.

Dzierzon unterscheidet zwei Arten dieser Krankheit: die gutartige und die bösartige, ansteckende Faulbrut.

Bei der gutartigen Faulbrut sterben die noch unbedeckel= ten Larven ab und diejenigen, welche zur Bedeckelung gelan= gen, bleiben gesund. Die Larven gehen in eine breiartige Masse über, trocknen später ein und werden von den Bienen als braune Schalen aus den Zellen geworfen.

Bei der bösartigen Faulbrut sterben die zugedeckelten Larven ab und trocknen später zu einer schwarzen Kruste ein, die von den Bienen auch als Schalen oder Körnchen entfernt werden. Findet man also auf dem Boden eines Stockes braune oder schwarze sich schmierig anfühlende und übelrie= chende Schalen und Körnchen, so ist Faulbrut vorhanden. Jedoch verwechsele man diese Körnchen nicht mit dem Un= rathe der Maden oder Wachsmottenlarven.

Noch früher aber kann man sich von dem Vorhanden= sein der Faulbrut überzeugen, wenn man vor dem Flugloch steht und einem statt des gewöhnlichen, lieblichen Duftes, ein übler Geruch, faulem Fleisch oder Leim ähnlich, entgegen kommt.

Stöcke, welche von der Faulbrut befallen sind, halten sich nicht lange, weil immer ein Theil oder auch die ganze

Brut verloren geht, mithin das vorhandene Volk nach und nach ganz eingehen muß.

Ein bösartig faulbrütiger Stock wird nie wieder gesund. Diese Krankheit ist ansteckend und verbreitet sich weiter durch Räuberei, durch Vereinigung eines faulbrütigen Stockes mit einem gesunden, durch Hantieren an faulbrütigen Stöcken und zugleich auch an gesunden, ohne vorher Hände und Geräthe gewaschen zu haben. Erzeugt wird dieselbe hauptsächlich durch schlechtes Futter, besonders des Havanna=Honigs. Da faulbrütige Stöcke nie zu heilen sind, so räth Dzierzon an, dieselben abzuschwefeln. Der Honig aus solchen Stöcken darf nicht gesunden Bienen gefüttert, vom Menschen aber unbedenklich genossen werden.

3. Weisellosigkeit. Dieselbe ist auf einem Bienenstande von so nachtheiligen Folgen, daß ihrer hier ein wenig ausführlicher gedacht werden muß.

Ich habe durch die Einführung der italienischen Biene oft mit Weisellosigkeit zu thun gehabt und ihre schlimmen Folgen in der Praxis kennen gelernt, so daß ich in dieser Hinsicht große Vorsicht anrathe. Bei dieser Krankheit gibt es drei Arten: Weisellosigkeit, Weiselunfruchtbarkeit und Weiseldrohnenbrütigkeit.

Weisellos ist jedes Volk, dessen Vorschwarm mit der alten Königin ausgezogen ist und in welchem die jungen Königinnen noch nicht ausgelaufen sind. Da dieser Fall naturgemäß ist, so kann man diese Weisellosigkeit eigentlich keine Krankheit nennen, denn die Bienen können sich selbst helfen und bedürfen hier der menschlichen Hilfe nicht. Weisellos ist aber auch der Stock, dem man zu einer Zeit, wenn Eier und unbedeckelte Maden zu Arbeitsbienen da sind, die Königin nimmt, oder in dem sie stirbt. Auch hier können sich die Bienen selbst helfen, indem sie sich aus der vorhandenen Brut junge Königinnen erziehen.

Anders aber verhält es sich mit der Weisellosigkeit,

wenn die alte Königin durch irgend eine Ursache dem Volke verloren geht, zu einer Zeit, wann keine Brut zu Königinnen vorhanden ist. In diesem Falle ist der Stock ohne menschliche Hilfe verloren und ist weiselkrank.

Die Weiselunfruchtbarkeit tritt ein, wenn die junge Königin im Stocke flügellahm ist, mithin nicht zur Begattung ausfliegen kann, oder wenn ihre Geschlechtstheile an einem Fehler leiden, oder wenn ihre Befruchtungsausflüge erfolglos blieben, oder auch wenn junge Königinnen zu einer Zeit erbrütet werden, in welcher keine Drohnen vorhanden sind, oder die Witterung und die Jahreszeit keine Begattungsausflüge zulassen, oder auch, wenn eine vorher fruchtbare Königin mit erschöpftem Samenbehälter nur noch Drohneneier legen kann. In erwähnten Fällen bleibt eine junge Königin unfruchtbar, oder fängt nach einiger Zeit an, nur Drohneneier zu legen, wodurch also die Weiseldrohnenbrütigkeit eintritt.

In beiden Fällen, bei der Weiselunfruchtbarkeit und Weiseldrohnenbrütigkeit, ist ein Volk ohne menschliche Hilfe unrettbar verloren.

Die weisellos kranken Völker unterscheiden sich sohin auf viererlei Weise:

a. Eine Königin ist gar nicht vorhanden, desgleichen keine taugliche Brut zur Erziehung einer jungen.

b. Eine Königin ist nicht vorhanden, der Stock hat aber Drohnenbrut, welche von einer oder auch mehreren Arbeitsbienen herrührt.

c. Eine Königin ist vorhanden, kann aber keine Eier legen.

d. Eine Königin ist vorhanden, vermag aber nur Eier zu Drohnen zu legen.

Die Weisellosigkeit ist ein so häufig vorkommendes Uebel bei der Bienenzucht, besonders in Strohkörben, daß nicht genug darauf aufmerksam gemacht werden kann.

Man stelle die Stöcke nicht zu dicht zusammen, damit die Fluglöcher nicht zu nahe kommen und ein Verirren der nach Begattung ausfliegenden jungen Königinnen weniger eintritt.

Vermeide, so viel es in deiner Gewalt steht, die Nach= schwärme, denn es tritt wohl hie und da der Fall ein, daß mit denselben sämmtliche junge Königinnen abziehen und da in abgeschwärmten Mutterstöcken weder Eier noch unbedeckelte Brut mehr vorhanden sind, so ist der Stock ohne Königin. Mir ist dieser Fall 1855 bei einem Strohkorbe vorgekommen, weßhalb ich annehmen muß, daß er auch anderwärts vor= kommt und da man in Strohkörben dergleichen Fälle nicht beobachten und ihnen nicht abhelfen kann, so gehen in Folge dessen viele Stöcke an dieser Krankheit zu Grunde.

Wenn irgendwo, so tritt auch hier wieder ganz beson= ders der Vortheil der Dzierzon'schen Methode klar hervor, da ich bei derselben jeden Augenblick weisellos kranke Völker untersuchen, erkennen und curiren kann.

Wie ist die Weisellosigkeit bei einem Volke zu erkennen?

In Dzierzonsstöcken sehr leicht, in Strohkörben schwer.

Finde ich bei der Untersuchung eines Stockes gar keine Brut, so ist derselbe in hohem Grade als weisellos verdächtig.

Hat derselbe nur Drohnenbrut in Drohnenzellen, so rührt dieselbe von einer oder mehreren eierlegenden Arbeits= bienen her. Sind keine Drohnenzellen vorhanden, so legt eine solche Aftermutter ihre Eier auch in kleine Zellen, al= lein nicht regelmäßig, d. h. nicht geschlossen Zelle vor Zelle, sondern so, daß sich zwischen den mit Brut besetzten Zellen auch leere befinden, was freilich auch bei fehlerhaften König= innen vorkommt.

Hat der Stock Buckelbrut, d. i. Drohnenbrut in Ar= beitsbienenzellen und steht dieselbe regelmäßig, so rührt sie von einer drohnenbrütigen Königin her. Eine solche Droh= nenmutter legt ihre Eier nur in kleine Zellen und niemals in große oder Drohnenzellen. Damit nun die Drohnen in den kleinen Zellen ihre Größe erreichen, so erhöhen die Arbeiter die Deckel und man nennt diese erhöht stehende Brut: Buckelbrut.

Wer sagt den Arbeitern, daß in den kleinen Zellen Drohneneier liegen und daß sie die Deckel dieser Zellen erhöhen müssen? Hier haben wir wieder eines jener Geheimnisse, die uns in einem Bienenstaate begegnen, wie sonst nirgends in der Thierwelt und die uns Gottes Weisheit immer mehr erkennen und bewundern lassen!

Es wird jedem Bienenfreund klar werden, daß man sich nur durch eine innere Untersuchung des Stockes von der Weiselrichtigkeit oder Weisellosigkeit eines Volkes genau überzeugen kann.

Alle äußern Zeichen können mehr oder weniger trügen. Dennoch müssen hier einige derselben des Strohkorbs halber angeführt werden.

Nimmt ein Bienenvolk vom Frühjahr an bis gegen Johanni hin, ohne zu schwärmen, an Volk immer mehr ab, statt zu, so ist dasselbe im höchsten Grade verdächtig; tragen die Arbeiter viele kleine Höschen ein, und zeigt sich ein Volk sehr stechlustig, so besteht ebenfalls der Verdacht der Weisellosigkeit.

Wenn die Bienen eines Stockes, zur Zeit wenn andere Bienen vor ihren Fluglöchern sterzen, d. h. den hintern Theil ihres Körpers in die Höhe strecken und mit den Flügeln schwirren, dies nicht thun, oder gar einige Bienen noch ängstlich suchend außen an ihrer Wohnung umherlaufen, so ist öfter Weisellosigkeit hievon die Ursache.

Wie ist aber ein weiselloses Bienenvolk zu curiren?

Wird ein Volk weisellos zur Zeit, wenn demselben aus andern Stöcken keine taugliche Brut zur Erziehung einer jungen Königin gegeben werden kann, oder auch zur Zeit, wenn keine Drohnen da sind, so ist der Stock nur dadurch von seinem Untergange zu retten, daß man dessen Volk mit einem andern vereinigt. Siehe über Vereinigung unter Abschn. XII.

Verliert aber ein Volk seine Königin zur Zeit, wenn Drohnen vorhanden sind, und ihm aus andern Stöcken die erforderliche Brut zu jungen Königinnen eingestellt werden kann, so wird das Volk von seinem Untergange gerettet, weil sich ja die Bienen bei Abgang ihrer Königin aus den Eiern oder den noch unbedeckelten Maden zu Arbeitsbienen, junge Königinnen nachziehen. Siehe Abschn. I. b.

Wie ist aber ein Volk von der Weisellosigkeit zu hei= len, das eine oder mehrere eierlegende Arbeitsbienen hat?

Da die Arbeiter eine solche Aftermutter als ihre Kö= nigin ansehen und behandeln, so machen sie keinerlei Anstal= ten zur Erbrütung junger Königinnen, wenn man ihnen die dazu nöthige Brut einstellt, noch nehmen sie eine normale Königin an, sondern bringen eine zugesetzte Königin sofort um, selbst wenn man sie längere Zeit einsperrt.

Mit einem solchen Stocke verfahre ich also: Ich nehme den Stock, worin die Aftermutter ist und trage denselben an eine entferntere Stelle des Gartens. Eine leere Wohnung kommt auf seinen Platz.

Ich nehme jetzt eine Wabe um die andere heraus, kehre alle Bienen die darauf sitzen mit einer Feder ab auf eine Wiese oder ein ausgebreitetes Leintuch und lasse die Waben durch meinen Jungen in die bereitstehende Wohnung hängen. Die mit Brut besetzten Tafeln kommen nicht in die neue Wohnung, dafür aber eine Wabe aus einem andern Stock mit sammt den daraufsitzenden Bienen, in deren Zellen Eier und unbedeckelte Maden zu Arbeitern liegen.

Die abgekehrten Bienen fliegen der neuen Wohnung auf dem alten Standort zu, setzen an der eingestellten Brut= tafel Weiselwiegen an und erziehen sich eine Königin.

So behandelten Völkern setzte ich öfter Königinnen zu, ohne daß mir eine abgestochen wurde. -

Das Auskehren der Bienen wird zur Mittagszeit und an einem schönen Tage vorgenommen. Die herausgenommene Drohnenbrut wird, wenn sie bedeckelt ist, mit dem Federmesser aufgeritzt und in die Zellen der noch unbedeckelten Brut und der Eier, Wasser gegossen und dann die Tafeln andern Völkern eingehängt. Ist der curirte Stock volksschwach, so wird ihm nach und nach mit bedeckelten Bruttafeln aus volkreichen Stöcken aufgeholfen.

Wird durch diese Operation ein weiselloser Stock seine Aftermutter nicht los, dann ist er abzuschwefeln, was mir übrigens nie vorkam.

Herr Wernz, Secretär des Pfälzer Bienenzüchter-Vereins berichtet, daß ihm diese Stöcke Weiselzellen annähmen.

Habe ich einen Drohnenbrütigen Stock, d. h. einen solchen, der eine Königin hat, die nicht befruchtet ist, mithin nur Eier zu Drohnen legt, so ist derselbe leichter zu retten. Ich nehme die Drohnenmutter heraus und drücke sie todt. Alle vorhandene Buckelbrut, Eier und Maden, zerstöre ich, wie vorhin bemerkt, und stelle hierauf dem Volke taugliche Brut zur Erbrütung einer jungen Königin ein. Hat man Stöcke, in denen bereits bedeckelte Weiselwiegen sind, so kann man eine Wabe, woran Weiselzellen hängen, dem eben behandelten weisellosen Stock statt einer Bruttafel einhängen. Oder auch man schneidet ein Stück Wabe, an dem einige bedeckelte Weiselzellen hängen, aus, macht in einer Wabe des kranken Stockes ein eben so großes Loch, in das man das Wabenstückchen mit den Weiselzellen behutsam einpaßt. Die Weiselwiegen müssen bedeckelt und acht bis neun Tage alt sein, weil unbedeckelte königl. Maden und selbst noch die zu jungen Nymphen beim Ausschneiden und Wiedereinsetzen leicht versehrt werden. Ist die königliche Zelle unten an der Spitze, also da, wo der Kopf der Larve steht, regelmäßig aufgebissen,

b. h. so wie abgeſchnitten, ſo iſt eine geſunde junge Königin ausgeſchlüpft, iſt die Zelle aber oben, d. i. da, wo ſie an der Wabe feſtgebaut iſt, oder auch auf der Seite aufgebiſſen, ſo ſind die königl. Nymphen vor der Reife von den Arbei= tern herausgeriſſen worden, entweder weil eine After= oder Drohnenmutter im Stocke, oder auch, weil bereits eine ge= ſunde junge Königin ausgelaufen iſt, die ſich vielleicht ſelbſt aus Eiferſucht über die noch bedeckelten Weiſelwiegen herge= macht und ſie zerſtört hat.

Bienenvölkern, die von ihrer Weiſelloſigkeit gerettet werden ſollen, gibt man öfter auch ſtatt Brut zu jungen Königinnen, ſogleich eine fruchtbare Mutter. Hier alſo die Frage:

„Wie ſetzt man einem Bienenvolke, das keine Königin hat, eine ſolche zu?“

Nehme ich einem Volke ſeine normale Königin, oder auch einem drohnenbrütigen Stocke ſeine Drohnenmutter, und wollte ihm dann mir nichts dir nichts eine Königin aus einem andern Stocke geben, ſo würde dieſelbe umgebracht.

Bei dieſer Operation muß demnach vorſichtig verfahren werden.

Bevor ich einem Volke eine Königin zuſetze, muß das= ſelbe total weiſellos gemacht werden, d. h. es darf nicht nur keinerlei Königin, ſondern auch keinerlei Brut zu einer ſol= chen haben. Habe ich mich von einem ſolchen Zuſtande des betreffenden Stockes überzeugt, dann nehme ich gegen Abend die Königin aus dem hiezu erſehenen Stocke, ſetze dieſelbe mit einigen Bienen ihres Stockes in ein Weiſelhäuschen und ſtelle daſſelbe mit der Königin oben auf die Waben oder auf den Boden des Stockes. Haben die Bienen am nächſten Abend die Königin noch nicht aus ihrer Gefangenſchaft befreit, ſo thut man dies ſelbſt und es wird ihr wohl kein Leid mehr geſchehen.

Das Weiſelhäuschen beſteht aus einem Holzſtäbchen, von

2½ Zoll Länge, 1 Zoll Breite und mehr als ½ Zoll Höhe. Auf einer der breiten Seiten macht man mit der Säge 2 Einschnitte, ¼ Zoll von beiden Enden, so daß die Einschnitte 2 Zoll von einander entfernt sind. Der Theil zwischen den Einschnitten wird herausgestemmt, auf beiden Seiten jedoch, ebenso wie an den Enden, ¼ Zoll Holz stehen lassen, so daß nunmehr das Stäbchen einen kleinen Trog bildet. Oben wird die Oeffnung mit einem Drahtgitter versehen, so enge, daß keine Biene durch kann, die eingesperrte Königin aber von den Bienen des Stockes gefüttert werden kann. An dem einen Ende dieses Hauses wird ein Loch eingebohrt oder geschnitten, so groß, daß eine Königin bequem durchlaufen kann. Durch dieses Loch bringt man die Königin mit ihrer Begleitung in das Weiselhäuschen. Dieses Loch bildet die Thür und wird mit einem Wachsblättchen geschlossen. Ein neuer irdener Pfeifenkopf mit einem Drahtdeckel kann auch als Weiselhaus dienen. Das einfachste, zweckmäßigste und zugleich billigste Weiselhäuschen ist ohne Widerrede aber der von Draht geflochtene Pfeifendeckel selbst, mit welchem man die Königin auf jeder beliebigen Stelle einer Wabe einsperren kann. Nur muß man dabei die Vorsicht anwenden, den Deckelrand bis auf die Mittelwand der Wabe einzudrücken, damit sich die Bienen keinen Zugang zu der Königin bohren und sie feindlich anfallen können. Hat die Königin den Geruch des Stockes angenommen, und haben sich die Bienen des Stockes mit ihr befreundet, was man daran erkennen kann, wenn sie die Königin durch das Drahtgitter füttern, so beißen sie in den meisten Fällen das Wachsthürchen durch und setzen die gefangene Königin in Freiheit. In diesem Falle wird die Königin freudig an- und aufgenommen, denn sie ist es ja, die das Volk, das kein Gut und keine Erinnerung mehr fesselte, mit neuer Hoffnung belebt!

Fig. 16.

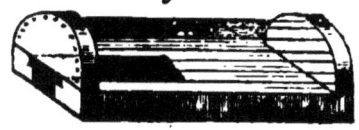

Fig. 16.

zeigt ein Weiselhaus, das auf beiden Seiten und oben mit einem Drahtgitter versehen ist.

Ich habe vielleicht 100 Mal weisellosen Völkern Königinnen aus fremden Stöcken zugesetzt, ohne daß mir auch nur eine abgestochen worden wäre. Ich verfuhr dabei also: Das Volk, welches die neue Königin erhalten soll, muß, wie bereits erwähnt, in den Zustand der vollkommenen Weisellosigkeit gebracht werden. Es ist daher nicht genug, einem gesunden Stocke die Königin wegzunehmen, sondern nach 9 Tagen müssen alle vorhandenen Weiselzellen sorgfältigst ausgeschnitten werden. Alles andere hieher Gehörige ist oben schon gesagt. Wurde in dieser Beziehung Alles befolgt und ist sich somit das Volk seiner Lage bewußt, so blase ich gegen Abend aus meiner schon beschriebenen Pfeife einige dicke Rauchwolken in seinen Stock, deßgleichen auch in den Stock, dem ich die Königin nehme. Diese aber nehme ich nicht allein, oder mit nur einigen Begleitern, als wenn ich sie in ein Weiselhäuschen sperre, sondern ich nehme die Wabe, worauf sich gerade die Königin befindet, mit sämmtlichen darauf sitzenden Bienen heraus und hänge dieselbe dem weisellosen Stocke ein, jedoch so, daß zwischen dem Bau des weisellosen Volkes und der eingestellten Wabe ein handbreiter Zwischenraum bleibt und nachdem ich nochmals einige Züge aus der Pfeife gethan, wird die Wohnung geschlossen. Am andern Morgen stoße ich die eingestellte Wabe an den Bau an und die Annahme der Königin ist gesichert.

Ich habe 9 Jahre lang bei meiner italienischen Zucht weisellosen Völkern auf diese Art Königinnen zugesetzt, ohne daß mir auch nur eine von den Arbeitsbienen umgebracht worden wäre.

Bei der Vereinigung zweier Bienenvölker verfahre ich ähnlich, was unter Abschn. XII. näher erläutert ist.

IX. Feinde der Bienen.

Je mehr es gegen den Herbst zugeht, der Brutansatz im Stocke schwächer und endlich gar nicht mehr betrieben wird, desto mehr nehmen die Stöcke an Volk ab. Wenn ein Stock zur Trachtzeit von Volk strotzt, so erscheint derselbe im Herbst volksarm, weil er kaum mehr ½ seiner früheren Bevölkerung hat. Wenn nun auch feststeht, daß sehr viele Bienen vor Alter und durch Untauglichkeit zur Arbeit, oder daß sie auf ihren Ausflügen von Stürmen und Regengüssen niedergeschlagen und dadurch den Stöcken entzogen werden, so verursachen die bienenfeindlichen Thiere auch einen nicht geringen Volksabgang, ja gewiß den größten.

Es sollen nun hier die bienenfeindlichen Thiere, welche bei uns vorkommen, angeführt werden.

1. Die Maus schleicht sich, wie überall, so auch an und in den Bienenstöcken als ungeladener Gast ein, um sowohl aus den Zellen Honig zu naschen, als auch Bienen zu fressen. Hinsichtlich der Fluglöcher thut daher große Vorsicht nöthig, damit dieselben so eingerichtet werden, daß keine Maus hinein kann. Bei Dzierzonsstöcken vermögen Mäuse

ohnedies seltener einzubringen, als dies bei den Strohkörben der Fall ist. Man hat Beispiele, daß Mäuse, besonders im Winter, in Bienenstöcke eindrangen und den Wabenbau, soweit derselbe nicht von den Bienen belagert war, zernagt, den Honig verzehrt und eine große Anzahl Bienen gefressen haben. Ja es kommt bei Strohkörben öfter vor, daß Mäuse ihre Nester hinein bauen. Es ist noch nicht genug, daß man bei Strohkörben das Flugloch so verengert, daß keine Maus einbringen kann, indem mir schon vorkam, daß die Mäuse sich hinten oder an den Seiten der Strohkörbe Löcher eingenagt haben, um in die Stöcke zu gelangen. Hier thut während des Winters eine öftere Nachsicht noth, um vorkommenden Falles die Mäuse durch Fallen wegzufangen oder durch Gift zu tödten. Aber nicht nur im Winter, sondern auch im Sommer, besonders zur Nachtzeit fangen Mäuse die Bienen vor den Fluglöchern der Stöcke weg und fressen sie, worüber Herr Schreinermeister Mehring aus Frankenthal interessante Beobachtungen gemacht hat.

Am gefährlichsten ist die kleine Spitzmaus, weil diese leichter durch die Fluglöcher der Bienenstöcke eindringen kann.

2. Die Larve der Wachsmotte ist ein arger Bienenfeind und eine große Plage für den Bienenzüchter. Von der Wachsmotte kommen zwei Arten vor, die kleinere und die größere. Beide Arten sind genugsam bekannt. Die Schmetterlinge oder Falter gehören zur Gattung der Nachtfalter, haben lichtgraue sammetweiche Flügel und fliegen Abends um die Stöcke herum, um durch die Fluglöcher in dieselben einzubringen und ihre Eier abzusetzen. Die kleinen Maden befinden sich meistens auf dem Boden der Wohnung, nähren sich von dem Gemülle und sind weniger schädlich. Die großen Maden aber, bis 1 Zoll lang und so dick wie ein starker Federkiel, zernagen das Wachsgebäude und durchspinnen es mit einem für die Bienen undurchdringlichen Gewebe. Dieses Gewebe breiten sie immer mehr aus und treiben das

6

Volk so in die Enge, daß es endlich nothgedrungen auszieht, oder die Bienen einzeln zu Grunde gehen. Wie oft hört man nicht Bienenhalter alten Schlages klagen: „Die Würmer haben mir wieder einen Stock gefressen!"

Ganz natürlich, durch das viele Schwärmen werden die Stöcke so volksarm, daß sie ihren Wabenbau nicht mehr ganz mit Volk besetzen können, die unausbleibliche Folge ist, daß die Rangmade von den leeren Waben Besitz nimmt und nach und nach das Volk zu Grunde richtet. Auch durch Weisellosigkeit geschwächte Stöcke, was bei abgeschwärmten Völkern, wie schon erwähnt, vorkommt, sind der Rangmade verfallen.

Wer stark vermehrt, hat viel mit der Wachsmotte zu kämpfen, wer auf Honig arbeitet, weniger. Dies habe ich genugsam erlebt.

So lange ich von dem falschen Wahne befangen war, eine große Anzahl Stöcke mache den Bienenzüchter aus, da lernte ich dieses Ungeheuer mit sammt seinen schädlichen Folgen kennen und hatte meine liebe Noth mit demselben; seitdem ich aber von dieser Krankheit geheilt bin, sind auch meine Stöcke von der Rangmade befreit. Dieselbe kommt zwar überall vor, wo Bienen gehalten werden, volk- und honigreichen Stöcken aber kann sie nimmermehr etwas anhaben.

Wie vorräthige Waben vor der Wachsmotte zu sichern sind, wurde unter Abschn. II. schon erwähnt.

3. Zeigen sich in der Nähe eines Bienenstandes Spechte, so müssen dieselben weggefangen oder geschossen werden, denn sie hacken Löcher in die Strohkörbe und fressen alle Bienen, die sie erlangen können. Durch eine solche Beunruhigung laufen die Bienen auseinander und erstarren bei strenger Kälte, ehe sie wieder in den Wintersitz kommen können.

4. Deßgleichen die Meisen; weniger gefährlich sind: Rothschwänzchen, Bachstelzen und andere kleine Vögel.

5. Die Schwalbe wird allgemein für den frechsten und

schnellsten Bienenfänger unter allen Thieren gehalten und ich selbst hielt sie auch dafür, bis mir vor Kurzem folgende Erfahrung des Herrn Wernz senior von Erpolzheim, durch den Herrn Secretär mitgetheilt wurde:

Die Schwalben fliegen nur, wenn die Drohnen fliegen und geschieht denselben großes Unrecht, wenn man glaubt, daß sie die Arbeitsbienen wegfingen. Mein Vater secirte seiner Zeit 21 Stück junge Schwalben, bei denen sich nur Drohnen vorfanden.

Angenommen, daß alle diese Vögel auch Bienen wegfingen, so meint Dzierzon, man solle dennoch ihrer schonen, indem der Schaden, den sie den Stöcken zufügten, nicht der Rede werth sei, gegenüber dem Nutzen, den uns diese nützlichen Vögel durch die Vertilgung so vieler schädlichen Insekten brächten.

6. Der Storch marschirt in Wiesen und Rapsfeldern herum und schnappt ohne Unterlaß bald rechts, bald links die Bienen von den Blüthen weg.

7. Die Kröten schnappen auch die Bienen weg, weßhalb man keinerlei Schlupfwinkel für dieselben, als altes Gerölle, Gesträuche oder Rasen um und an den Bienenstöcken dulden darf.

8. Die Ameise geht nur dem Honig nach. Streut man rings um die Stöcke herum Asche, so wird sie fern gehalten.

9. Die Spinne schadet der Biene durch ihr Gewebe, indem sich des Jahres über viele Bienen derart verwickeln, daß sie darin umkommen und dann von der Spinne ausgesogen werden.

10. Die Bienenlaus ist ein kleines Insekt von nußbrauner Farbe, das man auf dem Rücken der Bienen, besonders aber der Königin findet. Es ist nicht bekannt, ob die Laus den Bienen besonders schadet, doch dürfte es rath-

sam erscheinen, diejenigen Königinnen, welche von Läusen behaftet sind, zu lausen.

11. Der Bienenwolf ist eine einzeln lebende Grab= wespe, der gewöhnlichen Wespe sehr ähnlich, jedoch mehr gelb, hat einen dickern Kopf, größere Augen und stärkere Beiß= zangen. Der Bienenwolf wird für einen der größten Bienen= vertilger gehalten. Seine Larven nähren sich von Bienen.

12. Die Hornisse, allgemein bekannt, bringt in die Stöcke ein, um Honig und Bienen zu rauben.

13. Die Wespe ist weniger schädlich, weil sie nur dem Honig nachgeht.

14. Der Tobtenkopfschwärmer ist ein Abendfalter und bringt Abends in die Stöcke ein, um Honig zu rauben. Man hat diesen Falter beim Ausgang aus den Stöcken schon öfter ertappt und bei ihm gegen einen Theelöffel voll Honig gefunden. Ich selbst habe nie einen an meinem Bienenstande gesehen und glaubte lange, derselbe sei hier nicht heimisch, bis ich endlich am 12. Oktober 1861 ein schönes Exemplar dieses Tobtenkopfschwärmers an einer ausgesteckten Fahne fing.

X. Die italienische Biene.

Ich hörte von der italienischen Biene, ihren vielen gu= ten Eigenschaften, die sie vor unserer Biene voraus habe, von ihrer schönen Farbe u. s. w. u. s. w. und ließ mich durch den Reiz der Neuheit auch bestechen, dieselbe auf mei= nem Bienenstande einzuführen.

Die Resultate, die ich bis jetzt bei einer neunjährigen Praxis mit der italienischen Biene gewonnen habe, lassen sich kurz in Folgendem zusammen fassen.

Für den Bienenzüchter, der blos Bienen hält, um Vortheil davon zu ziehen, ist es rathsamer, wenn er es mit unserer deutschen Biene hält, denn die Italienisirung eines Standes erfordert, abgesehen von aller Mühe und Zeit, eine große Quantität Honigs und zudem werden die armen Thiere durch die vielen nothwendigen Operationen so maltraitirt, daß sie nichts vor sich bringen. Für den Bienenfreund aber, der die Bienen auch zum Vergnügen hält und besonders in die höhere Wissenschaft der Imkerei eindringen will, für den ist die Einführung der italienischen Biene von großem Nutzen.

Ich werde es deßhalb auch nie bereuen, auf die Italienisirung meines Standes viel Geld, Zeit und Kräfte verwendet zu haben, weil ich ohne die schöne Italienerin wohl noch lange nicht über die Naturgeschichte der Biene überhaupt, so wie besonders über die Bestimmung der Drohnen und der Königin ins Klare gekommen wäre und Vieles, was mir als verschleiertes Geheimniß im Bienenstaate erschien, steht jetzt klar vor meinen Augen.

Sollte ich mich auch fortan mit der Zucht der italienischen Biene abgeben, so werde ich aber unter keiner Bedingung mehr italienische Königinnen verkaufen, denn dies ist das undankbarste und sich am wenigsten rentirende Geschäft bei der Bienenzucht, wenn man nicht Gelegenheit hat, dasselbe ins Große betreiben zu können. Einen besondern Vorzug kann ich der italienischen Biene nicht zugestehen, denn ich habe die Erfahrung gemacht, daß unsere deutsche Biene bei gleichem Honigvorrath und gleich starker Volkszahl, eben so viel leistet, als ähnliche italienische Stöcke.

Welches sind die Vorzüge der italienischen Biene?

Die italienische Biene ist etwas kleiner als die deutsche; an der Sonne betrachtet ist sie gelb, fast wie eine Wespe, besonders aber sind die 2 breiten Ringe des Oberkörpers zunächst der Brust, gelblich röthlich oder orangefarbig gezeichnet, während dem die hintern Ringe bis zu der Schwanzspitze immermehr ins Schwärzliche übergehen. Die Drohnen sind etwas dunkler, die Königinnen aber öft noch heller gefärbt als die Arbeiter. Die italienische Biene hat einen sanftern Flug und feinere Geruchsorgane, als die deutsche. Gegen rauhe Witterung ist sie unempfindlicher und zum Stechen weniger geneigt als unsere schwarze. Von ihrem Stachel macht sie nur Gebrauch, wenn sie gereizt wird. Ist die Race rein und verfährt man nur einigermaßen behutsam an italienischen Stöcken, so wird man nur selten gestochen werden. Ich habe öfter im Beisein von Bienenfreunden italienische Bienen mit der Hand von den Waben abgeschöpft wie mit einem Löffel, ohne auch nur einen Stich bekommen zu haben.

Bei den Operationen flogen mir öfter italienische Bienen ins Gesicht oder auf die Hände, doch wohl in der Absicht zu stechen, allein sie blieben lammfromm sitzen und flogen nach einiger Zeit wieder ab, ohne mir ein Leids gethan zu haben. Die größere Gutmüthigkeit ist unstreitig der größte Vorzug, den die italienische Biene besitzt.

Ich habe auch, wie es wohl allerwärts vorkommt, wo die italienische Biene gezüchtet wird, Bastarde auf meinem Stande, die viel stechlustiger sind, als meine wildesten schwarzen, und mich oft von Weitem schon anfallen und verfolgen.

Wird eine junge italienische Königin von einer deutschen Drohne begattet, so erzeugt diese Königin wohl reine italienische Drohnen, weil ja die Drohneneier unbefruchtet sind, allein die Arbeiter und Königinnen werden nicht alle schön gelb gezeichnet; oft bringt eine Bastardkönigin neben schwarzen Deutschen, auch schöne gelbe Italiener hervor, erzeugt also eine zur Hälfte gemischte Gesellschaft, oder auch die eine oder andere Art in überwiegender Anzahl.

Ebenso umgekehrt: Wird eine deutsche Königin von einer italienischen Drohne begattet, so werden die Drohnen deutsche, die Arbeiter und Königinnen aber Bastarde. Thätiger ist wohl die italienische Biene auch als die deutsche, jedoch nur dann, wenn es etwas zu stehlen oder zu naschen gibt. Zur Zeit der Haupttracht aber habe ich nie einen Unterschied im Honigertrag finden können. Auch kann ich nicht sagen, daß meine Italiener im Herbst schwerer gewesen wären als meine Deutschen.

An rauhen, regnerischen Herbsttagen habe ich oft be= merkt, daß meine Italiener stark flogen, während dem die Deutschen ruhig saßen. Gewöhnlich gingen sie schwachen Strohkörben nach und ich mußte oft von einem hiesigen Bie= nenhalter die Worte hören: „Ihre Italiener sind Spitzbuben, die stehlen meine Stöcke aus!" Hier sei bemerkt:

Wer es mit volk= und honigstarken Stöcken hält, dem werden die Räuber keinen Schaden thun, wer aber seine Bienen nach Belieben schwärmen läßt und obendrein noch den armen Mutterstücken ihren Winterhonig ausschneidet, wer demnach schwache oder weisellose Stöcke hat, der wird immer mit Räuberei zu thun haben, selbst dann, wenn gar keine Italiener in der Nähe sind.

Ich selbst hatte im Herbst 1859 einen durchs Schwär= men herabgekommenen armen Stülpenbewohner, den meine Italiener rein ausplünderten.

Schaarenweise und selbst bei stärkerm Regen, flogen sie in die etwa 50 Schritte weit entfernt stehende Wohnung, bei der sich auch nicht eine deutsche Biene sehen ließ. Da mir an dem Volke ohnedieß nichts gelegen war, so duldete ich diese Plünderung, um auch in dieser Beziehung meine Be= obachtungen machen zu können. Wie schon bemerkt, wurden meine Italiener trotz ihrer spätern Ausflüge und ihrer Nä= scherei nicht honigreicher, denn in den Jahren 1857 bis 1860, waren alle meine Bienenstöcke im Herbste arm, während dem in guten Jahren alle Völker ohne Ausnahme, deutsche wie italienische, eine reiche Ausbeute lieferten.

Daß einige Bienenfreunde so Außerordentliches berichten, bezüglich des größern Honigreichthums ihrer italienischen Stöcke im Vergleich zu ihren deutschen, kann ich mir dadurch erklären, weil die bunten Wälschen die verhätschelten Schooß= kinder sind auf den betreffenden Bienenständen, zu deren immerwährender Verstärkung unsere treue Deutsche Brut= und Honigtafeln je nach Bedarf liefern muß.

Alle andern bekannt gewordenen Vorzüge der italie= nischen Biene kann ich füglich übergehen, indem dieselben theilweise auf Täuschungen beruhen, denn was man gern sehen möchte, sieht man, ohne zu bemerken, daß ein Irrthum obwaltet. So z. B. ist mir begegnet, daß ich in neuen Droh= nenzellen die gegenüberstehenden Wände als Eier ansah, weil ich ja absolut haben wollte, daß die italienische Altmutter Drohneneier legen sollte.

Theilweise aber beruhen die vermeintlichen Vorzüge der Italienerin auch auf der besondern Sorgfalt, welche man derselben zuwendet und endlich dürfte wohl hie und da doch auch ein wenig Spekulation hinter der Sache stecken.

Für die Bienenfreunde, welche, wie gesagt, die Biene zum Vergnügen halten und die höhere Wissenschaft der Biene studiren wollen, oder die sich vor Bienenstichen fürchten und denen an einer schönern Färbung der Biene etwas gelegen ist, für diese ist die italienische Biene und für sie will ich folgende Frage beantworten.

Wie verfahre ich, wenn ich einen deutschen Stock in einen italienischen verwandeln will?

Ich fange dem deutschen Stocke die Königin aus, nach 9 Tagen nehme ich alle Waben heraus, stelle eine genaue Untersuchung an und entferne sorgfältig alle vorhandenen Weiselwiegen, so daß das Volk in den Zustand der voll= kommenen Weisellosigkeit versetzt wird. Gegen Abend setze

ich die italienische Königin in einem Weiselhaus zu, wie
dieses bereits in Abschn. VIII. gesagt ist. Ist die italienische
Königin angenommen, dann verstärke ich im Frühjahr den
Stock durch bedeckelte Bruttafeln aus deutschen Stöcken. Die
Bienen müssen aber sorgfältig von den Tafeln abgekehrt
werden, damit die italienische Königin nicht von denselben
abgestochen wird. Ist der betr. Stock nun recht volksstark,
so hänge ich demselben mitten ins Brutnest 1 bis 2 Drohnenwaben, damit ich früh und recht viele italienische Drohnen
bekomme. Sobald ich Drohneneier sehe, entweisele ich einige
deutsche Stöcke, d. h. ich nehme denselben die Königinnen,
die ich aber nicht umbringe, sondern mit denen ich kleine
Ablegerchen mache, damit ich immer über vorräthige Königinnen
und Bruttafeln zu verfügen habe. Nach 9 Tagen schneide
ich den entweiselten Völkern alle Weiselzellen aus. Diese
Stöcke haben jetzt keine Eier und auch keine Maden mehr
zu Arbeitern, sondern alle vorhandene Brut ist bedeckelt und
die Bienen sind nicht mehr im Stande, sich eine Königin
nachzuziehen aus ihrer eigenen Brut. Nun hänge ich jedem
dieser weiselkranken Stöcke eine Bruttafel mit Eiern und
Maden zu Arbeitsbienen aus dem italienischen Stocke ein,
woran sie sich alsbann junge italienische Königinnen erbrüten. Die überzähligen bedeckelten Weiselwiegen kann ich nach
9 Tagen wieder andern entweiselten deutschen Stöcken einhängen und verfahre dabei, wie unter Abschn. VIII. erörtert ist.
So oft ich dem italienischen Stocke Bruttafeln entnehme, gebe
ich ihm wieder eben so viele mit bedeckelter Brut aus deutschen Stöcken, damit er immer recht volksstark bleibt. Dies
ist nothwendig, damit die Königin zur Drohneneierlage an-
geeifert wird und es nicht an italienischen Drohnen fehlt
zur Begattung der jungen italienischen Königinnen. Während
der Begattungsausflüge der jungen Königinnen dürfen keine
deutschen Drohnen vorhanden sein, weßhalb man im zeitigen
Frühjahr auf die Erbrütung italienischer Drohnen Bedacht

nehmen muß, damit die jungen Königinnen von diesen befruchtet werden, ehe die deutschen Drohnen erscheinen.

Will man nach der Drohnenschlacht italienisiren, so muß Sorge getragen werden, daß man sich in volks= und honigreichen italienischen Stöcken die Drohnen bis in den Winter hinein erhält. Da bekanntlich nur weisellose Völker ihre Drohnen nicht abschlachten, so muß man kurz vor dem Beginn der Drohnenschlacht einen oder mehrere italienische Stöcke, die viele Drohnen haben, entweiseln. Dabei sehe man auf einen großen Honigvorrath, weil honigarme Stöcke oft auch keine Drohnen dulden. Im Frühjahr ist die Italienisirung sicherer als im Herbst.

Durch die in Abschn. I. unter c. beschriebene Drohnenfalle können alle deutschen Drohnen weggefangen werden, weßhalb dieselbe in Betreff einer reinen Begattung der italienischen Mütter von großem Nutzen ist. Die Operationen der Italienisirung eines Bienenstandes scheinen beim Lesen derselben leicht ausführbar zu sein und einen günstigen Erfolg ohne Weiteres zu versprechen. Dem ist aber nicht immer so. Man glaube ja nicht, daß alle Operationen immer so gelängen, wie ich dieselben hier beschrieben habe und würde es der Raum gestatten und ich könnte hier meine Notizen über die Italienisirung nur von einem Sommer anführen, so würden sich die jungen Freunde der schönen Wälschländerin wundern, wie viel Mühe, Zeit und Geld es kostet, eine auch nur mäßige Anzahl deutscher Bienenvölker in italienische umzuwandeln.

Wann ist eine italienische Königin rein?

Wenn ihre sämmtlichen Nachkommen, also die königlichen Töchter, die Arbeiter und die Drohnen schön gefärbt sind.

Solche Königinnen aber sind höchst selten und selbst wenn man solche hat, so arten sie nach einigen Jahren aus, d. h. sie erzeugen mitunter auch weniger schön gefärbte Nachkommen.

Ich erhielt von unserm Bienenfreunde, beim Herrn Lipps aus Freinsheim eine italienische Königin, die zu den Prachtexemplaren gehörte, sowohl was ihre Färbung, als auch was ihre Nachkommen betraf. Im ersten und zweiten Jahre entwickelte dieselbe eine ungemein große Fruchtbarkeit und erzeugte nur schöne Nachkommen. Im dritten Jahre aber hatte sie in Betreff ihrer Fruchtbarkeit merklich nachgelassen und erzeugte mitunter auch weniger schöne Bienen.

So geht es in der Regel mit allen, selbst den schönsten italienischen Königinnen, sie arten nach einigen Jahren aus. Will man daher die italienische Race rein erhalten, so muß man fort und fort auf seiner Hut sein und immer nur die schönsten Mütter zur Nachzucht bestimmen. Gerade dies aber macht eine fortwährende Beunruhigung der Bienen nöthig und erfordert immer neue Opfer.

XI. Herbstvereinigung der Bienen.

Was ist von der Herbstvereinigung zu halten und wann hat dieselbe zu geschehen?

Bei mir am Glan und fast aller Orte in der Pfalz, wo die Haupttrachtzeit in der Kohl-, Baum-, Esparsetten- und Wiesenblüthe, also vor Johanni fällt und beinahe alle Honigquellen mit Anfang August versiegen; da bedarf es keines weitern Beweises, daß, sollen unsere Bienenvölker eine Honigernte liefern, dieselben gleich im Frühjahr recht volkreich dastehen müssen. Frühzeitiger Volksreichthum ist aber nur dadurch zu bewirken, daß man seine Bienen recht volks-

ſtark, mit dem nöthigen Honigvorrath verſehen, einwintert.
Bei allen Stöcken, wo dies nicht der Fall iſt und die auch
nicht ausgefüttert werden können, — ſiehe über Fütterung
unter Abſchn. VI. — muß die Herbſtvereinigung angewen=
det werden.

Der Bienenzüchter, welcher ſeine ſchwachen Bienenſtöcke
abſchwefelt, verfährt eben ſo unökonomiſch, wie der Land=
wirth, welcher ſeine Miſtjauche zum Hofthor hinaus längs
der Straße in den Bach laufen läßt.

Recht volkreiche Stöcke überwintern erfahrungsmäßig
beſſer, als ſchwächere, weil ſie mehr Wärme erzeugen und
dieſer höhere Wärmegrad wieder iſt Urſache, daß ſie weni=
ger zehren.

Man glaube ja nicht, daß ein vereinigter Stock auch
einen Honigvorrath für zwei Völker haben müſſe. Ein ſol=
ches Volk braucht nur um ein Weniges mehr, ja in vielen
Fällen weniger, als ein ſchwaches. Ein ſtarkes Volk mit
reichem Vorrath ſetzt frühe und viel Brut an und ſtrotzt
von Volk, ſobald der Frühling eintritt und wirft einen
ſichern Gewinn ab.

Ich komme alſo immer wieder auf den Kardinalpunkt
einer gedeihlichen Bienenzucht: „Große Wohnungen, ſtarke
Völker, reicher Honigvorrath!“

Habe ich bei der Einwinterung meiner Bienen —
ſiehe Abſchn. XIII. — einen oder mehrere Bienen, die volks=
ſchwach ſind, ſo kommt die Herbſtvereinigung in Anwendung.

Wie hat die Vereinigung zweier Völker zu geſchehen?

a. In Dzierzons. Habe ich einen ſchwachen Stock, ſo
vereinige ich denſelben mit einem Stocke, der ſein Auskom=
men hat. Die fruchtbarſte Königin muß erhalten werden,
ich fange alſo demjenigen Volk die Königin aus, das die
ſchlechtere hat. Nach 9 Tagen unterſuche ich denſelben genau,
und ſchneide alle vorhandenen Weiſelzellen aus, inſofern er

nämlich Brut hat, was gegen den Herbst hin nicht immer
mehr der Fall ist.

Das Volk wird somit in den Zustand der vollkomme=
nen Weisellosigkeit versetzt. Den zu vereinigenden Stöcken
wird alsdann 24 Stunden vor der Operation für 6 kr.
Moschus in 2 Portionen getheilt und in Papierkapseln ver=
wahrt, auf die Bodenbretter der Wohnungen gelegt.

Der Moschus läßt sich jahrelang gebrauchen, wenn er
in einem dichten Schächtelchen aufbewahrt wird. 24 Stun=
den nach dem Einlegen des Moschus, hänge ich gegen Abend
das eine Volk zum andern, natürlich das schwächere zum
stärkern, stoße aber die Waben beider Stöcke nicht fest zu=
sammen, sondern lasse dieselben über Nacht so weit als
möglich von einander abstehen. Am nächsten Morgen sehe
ich nach der Königin ob nicht vielleicht derselben ein Leid
geschehen, hänge hierauf alle Brutwaben beider Stöcke zu=
sammen und ebenso alle Honigwaben und beobachte noch
besonders, was im Abschn. XIII. über die Einwinterung ge=
sagt ist und hänge ja keine Waben in den Wintersitz die
nur zum Theil ausgebaut sind, denn Lücken dürfen ein= für
allemal während des Winters nicht im Bienenstocke sein.

b. Die Vereinigung in Strohkörben.

Habe ich einen schwachen Strohkorb, so vereinige ich
denselben mit einem starken Strohkorbbien also:

Am Abend stelle ich denjenigen beider Stöcke, welcher
die schlechtere Königin hat, auf dem Kopf, breche das Flug=
brett ab und nachdem ich dies auch am andern Stocke ge=
than, welcher die bessere Königin hat, so stülpe ich diesen
darauf, so daß beide Körbe mit der weiten Oeffnung aufein=
ander stehen, gerade so wie beim Abtrommeln. Die Stelle
ringsum, wo beide Stöcke aufeinander stehen, verbinde ich
mit einem Handtuch, damit keine Bienen dort herauskommen.
Ueber Nacht vereinigen sich beide Völker und in der Regel

wird die Königin des untern Stockes beim Aufsteigen getödtet. Diese Art der Vereinigung habe ich oft mit Erfolg
angewendet.

    c. Wie vereinige ich ein Volk aus einem Strohkorb
mit einem Kastenvolk?

    Ich trommele oder räuchere das Volk aus dem Stroh-
korb in eine leere Wohnung, fange die Königin aus und
wenn sich das Volk seiner Weisellosigkeit bewußt ist, so lasse
ich die Bienen dem Kastenstock zulaufen. Das Ausräuchern
geschieht durch das Spundloch.

    Bei dieser Vereinigung habe ich auch schon öfter schwache
Strohkörbe ausgebrochen, die Bienen auf den Waben in den
abgeschlossenen Honigraum eines Dzierzons gekehrt, wobei ich
die Königin wegnahm. Ueber Nacht ließ ich das Volk im
Honigraum und am andern Morgen zog ich ein Deckbrettchen um ½ Zoll nach rückwärts, worauf in kurzer Zeit die
Vereinigung beider Völker in friedlicher Weise vor sich ge-
gangen war.

                       ———

XII. Honig- und Wachsauslassen.

Von allen Arbeiten bei der Bienenzucht thue ich keine lieber, als das Honigauslassen.

Ist das Schwärmeeinfangen an und für sich auch eine Arbeit, die des Imkers Herz mit Freude und Wonne erfüllt, so knüpfen sich daran doch auch hie und da bange Sorgen und trübe Hoffnungen.

Anders bei der Honigernte. Hier habe ich den Ueber=fluß meiner treuen Arbeiter und einen sichern Gewinn nicht nur vor Augen, sondern in den Händen.

Es ist von großer Wichtigkeit in Bezug auf Geschmack, Güte und Haltbarkeit des Honigs, wie derselbe ausge=lassen wird, weßhalb dieser Arbeit hier auch gedacht sei. Ich habe einen irdenen Seiher mit etwas weitern Löchern als gewöhnlich. Ferner eine etwas größere irdene Schüssel, als der Seiher ist. Die Schüssel stelle ich auf den Tisch eines Zimmers, welches auf der Sonnenseite liegt, und mache die Fenster zu, damit keine Bienen hinein können. Ueber die Schüssel kommen zwei, fingerdicke Stäbchen zu liegen, auf die der Seiher zu stehen kommt. Es versteht sich von selbst, daß meine Hände, Seiher, Schüssel, Stäbchen, Messer, über=haupt alle Geräthschaften, die ich beim Honigauslassen nöthig habe, höchst reinlich gewaschen werden müssen.

Ich zerschneide nun die Honigwaben kreuz und quer in ganz kleine Stückchen, so daß alle Zellen geöffnet werden, in den Seiher. Der Honig läuft nach kurzer Zeit in die unter=stehende Schüssel. Ist dieselbe voll, so wird der Honig in reine Häfen von Steingut gebracht. Nach einigen Tagen sammeln sich hier alle im Honig enthaltenen Wachsblättchen oben, die man abschäumen muß. Zeigt sich keinerlei Unrath mehr oben, so wird der Hafen mit einem reinen Papier zugebunden und in einem luftigen Keller oder einer kühlen Kammer aufbewahrt. Man kann auch einen Wachsdeckel auf die Häfen machen, indem man flüssiges, aber reines Wachs fingerhoch auf den Honig laufen läßt. Auf diese Weise kalt ausgelassener Honig behält jahrelang seinen Wohlgeschmack.

Was in dem Seiher zurückbleibt, oder auch ältern krystallisirten Honig, behandle man also:

Man nehme einen Steinguttopf mit starken Henkeln, der unten über dem Boden mit einer längern Schnepfe (Zöttchen) versehen ist, mit andern Worten, man nehme dazu den bei uns bekannten Rahmhafen. Die Schnepfe soll etwas vorstehen und muß mit einem Stöpsel geschlossen werden.

In diesen Hafen kommen nun die Ueberbleibsel aus dem Seiher. Den Hafen stelle man hierauf in einen Kessel mit Wasser. Das Wasser bringe man zum Sieden und rühre mit einem Holzstab die Masse beständig um. Ist dieselbe breiweich und zeigen sich oben die Nymphenhäutchen, so bringe man den Hafen aus dem Kessel und lasse ihn ruhig stehen. Sobald die Masse erkaltet ist, hat sich oben eine harte Kruste gebildet, in die man ein 1 Zoll weites Loch macht. Ich stelle nun eine Schüssel unter die Schnepfe, ziehe den Stöpsel heraus und der Honig läuft ab. Sobald derselbe trübe läuft, stecke ich den Stöpsel wieder ein. Auf diese Weise gewonnener Honig steht dem erstern nur wenig nach. Der schlechteste Honig ist der im Backofen ausgelassene. Um den trüben Honig und den in den Rückständen enthaltenen zu gewinnen, gieße man diesem etwas Wasser zu und verfahre wie vorhin. Diese geringere Qualität Honig kann man Ende April und Anfang Mai bei der spekulativen Fütterung oder auch im

August bei der Ausfütterung schwacher Völker verwenden. Auch kann man denselben in der Haushaltung gebrauchen.

Das Wachsauslassen.

Dasselbe ist ebenfalls von großer Wichtigkeit. Die Bienenzüchter, welche ihre Waben umlaufenden Händlern oft um einen Spottpreis verkaufen, handeln sehr unklug und nicht minder unklug diejenigen, welche ihre Wabenstücke des Jahres über nicht sorgfältig zusammenhalten, oder dieselben nicht in einer Kiste, in der sie zweimal im Jahre Schwefelspan abbrennen, vor der Wachsmotte sichern, oder auch die sie zu Wachs auslassen, ohne im Besitz eines guten Wachshafens oder einer Wachspresse zu sein.

Beide, ein Wachshafen, von Herrn Secretär Wernz in Erpolzheim und eine Wachspresse von unserm lieben Pfälzer Bienenfreunde, dem Herrn Pfarrer Braun in Maubach, sollen hier näher beschrieben werden.

a. Der Wachshafen. Siehe Fig. 17.

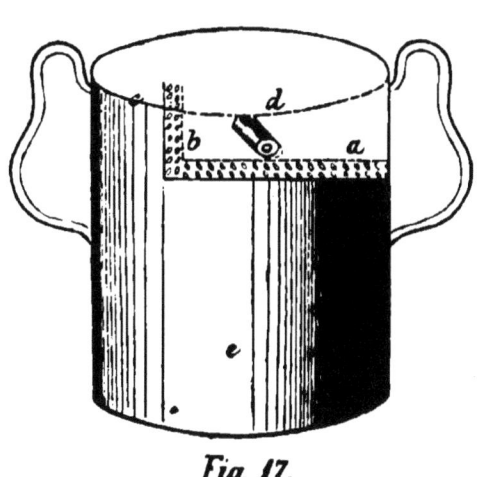

Fig. 17.

Statt die Wabenüberreste beim Honigauslassen gleich zu pressen, ist es besser, das Wachs gröblich abzuscheiden,

7*

was in folgendem Hafen bequem geschehen kann. Der Hafen ist aus starkem Eisenblech gearbeitet, 2 bis 2½ Fuß hoch und etwa 18 Zoll weit. In dem Hafen befindet sich einige Zoll von oben ein horizontales Sieb, das jedoch nur durch ⅔ des Hafens geht. Siehe Fig. 17 a. An dem Abschnitt dieses Siebes schließt sich ein zweites nach oben senkrecht stehendes Sieb so an, daß der Hafen bis zum Rand durch dasselbe in zwei Theile getheilt wird. Fig. 17 b. Die Siebe bilden nun ein Ganzes, sind herausnehmbar und werden durch angelöthete Vorsprünge festgehalten.

Die zerbröckelten Wabenstücke und die Rückstände des ausgelassenen Honigs werden durch die Oeffnung c. eingeworfen; das reine Wachs strömt durch das Sieb und fließt durch die Schnepfe d. in die unterstehende Vorlage ab.

Die Siebe sind ebenfalls aus Eisenblech gearbeitet und die Löcher in denselben sehr klein.

Es versteht sich von selbst, daß immer Material nachgefüllt werden muß, um das Auslaufen zu bewirken.

Unten im Hafen befindet sich Wasser. Siehe den Raum e. Sind keine Waben mehr nachzufüllen, so nimmt man hiezu kochendes Wasser, bis alles Wachs ausgelaufen ist, weil der Hafen immer so voll gehalten werden muß, daß ein Abfluß bei dem Zöttchen d. möglich ist.

Die im Hafen zurückbleibenden wenigen Träbern werden noch gepreßt, um alles Wachs daraus zu gewinnen, das freilich die schöne gelbe Farbe nicht hat, wie das aus dem Hafen gelaufene und von geringerer Qualität ist.

b. Die Wachspresse. Siehe Fig. 18.

Um das Wachs rein und vollkommen von den übrigen Bestandtheilen der Waben zu trennen, sind zwei Factoren nöthig: Eine Presse und siedendes Wasser.

Die Figur 18 abgebildete Presse ist ganz aus Eisen gefertigt und kommt in einen Kessel mit siedendem Wasser zu stehen. Bei Anfertigung des beschriebenen Wachshafens und dieser Presse, kann man beide so anfertigen, daß dieser Hafen auch zugleich als Kessel zur Presse dienen kann. Die Siebe werden in diesem Falle herausgenommen und das ausgepreßte Wachs kann durch das Zöttchen ablaufen, so erspart man sich das Abschäumen desselben im Kessel selbst.

Die zerbröckelten Wabenstücke und die Rückstände des ausgelassenen Honigs werden in starke Leinwandsäcke gestopft, deren Größe sich nach den Platten der Presse richtet. Besser sind Säckchen aus Kordel gestrickt.

Das Säckchen mit den Waben wird nun zwischen die Preßplatten gelegt. Siebet das Wasser und bemerkt man nach einiger Zeit, daß sich Wachs auf der Oberfläche des Wassers zeigt, so wird die Schraube der Presse anfänglich gemach und dann immer stärker in Bewegung gesetzt, bis man fühlt, daß das Säckchen fest zwischen den Platten eingeklemmt ist und die Schraube nicht recht mehr wirken will.

Da die Preßplatten mit vielen Löcherchen versehen sind, so kann das Wachs nicht nur aus den Säckchen an den Seiten sondern auch unten und oben durch die Preßplatten austreten und oben auf dem Wasser erscheinen, durch die Schnepfe abfließen und sich somit völlig von den Träbern scheiden.

Fig. 18.

Beschreibung der Braun'schen Wachspresse.

Die Schraube, 40 Centimeter lang, die Schraubenmutter mit 2 bandartigen Schenkeln in einem Bogen zusammenlaufend, an dessen Spitze sich die Schraubenmutter befindet. Der Bogen ist 35 Centimeter hoch. Die Bänder sind $\frac{1}{8}$ Centimeter dick, $2\frac{1}{8}$ Cent. breit und die darin laufende Schraube 2 Cent. Oben hat die Schraube einen Griff zum Drehen, unten ist sie auf der Platte befestigt. Die beiden Platten sind Quadrate, 23 Cent. lang und breit und

durchlöchert. Durch die Schraube wird die obere Platte auf-
und niedergelassen, und streicht an beiden Schenkeln auf-
und abwärts. Die beiden Schenkel sind an der untern Platte
befestigt; diese hat unten 4 kleine Füße.

Fig. 18.

Fig. 19.
Eine Wabenzange.

Ich bediene mich seit einiger Zeit der nachstehend ab-
gebildeten Zange, um die Waben aus Dzierzonswohnungen
herauszuholen.

Man nehme zu einer solchen Zange eine gewöhnliche
Drahtzange, biege die beiden Schenkel hinten etwas abwärts,
damit dieselben der Hand nach stehen; in diesem Falle hat
man die Zange mehr in seiner Gewalt. Am vordern Ende
werden die beiden Schenkel breit geschlagen, damit man die
Stäbchen um besto fester anpacken und um so sicherer herausnehmen kann.

Fig. 19.

Ein einmaliges Operiren mit dieſer Zange wird deren Zweckmäßigkeit zeigen.

Fig. 20. a. b.

a. zeigt ein zweiſchneidiges Meſſer, um in Wohnungen mit Stäbchen die Waben vor dem Herausnehmen von den Wänden und da, wo ſie unten aufſitzen, loszulöſen.

b. Eine Kratze um in Dzierzonswohnungen die Böden vom Gemülle zu reinigen.

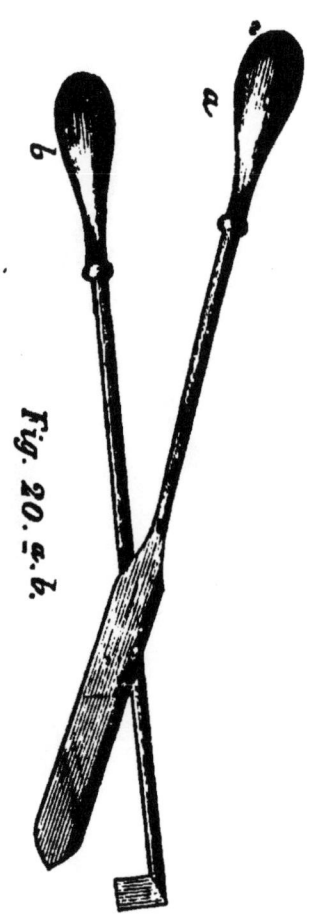

Fig. 20. a. b.

XIII. Die Ueberwinterung der Bienen.

Eine gute Ueberwinterung ist ein Kardinalpunkt der Bienenzucht und der Bienenzüchter, der seine Bienen gesund und volksstark in das Frühjahr bringt, ist ein Meister in der Bienenzucht. Derselbe wird zu Ende der Tracht, bei uns am Glan also zu Anfang August, seine Bienenstöcke untersuchen und diejenigen, die nicht zur Ueberwinterung tauglich sind, dazu machen.

1. Der Stock muß eine gesunde, fruchtbare Königin haben, die man ja jetzt noch leicht an der vorhandenen Brut erkennen kann.

2. Derselbe muß einen gehörigen Wabenbau aufgeführt haben, d. h. die Waben müssen nach allen Seiten hin vollkommen ausgebaut sein, so daß keine Lücken und leere Stellen im Bau sind. Nimmt man hierauf nicht Bedacht, so leiden die Bienen im Winter an Verkühlung und werden ruhrkrank, oder auch sie können über leere Stellen bei strenger und anhaltender Kälte nicht weggehen, also dem Honigvorrath nicht nachrücken und verhungern.

3. Das Volk muß seinen vollen Winterbedarf an bedeckeltem Honig haben bis zur Kohlblüthe. Dieser Vorrath richtet sich allerdings nach der Stärke des Volkes.

In meinen Berlepschbeuten lasse ich starken Völkern 16 Stäbchen. In den 8 Stäbchen der untern Etage befindet sich gewöhnlich oben 2 bis 3 Zoll hoch bedeckelter Honig, nach unten mehr flüssiger nebst der noch vorhandenen Brut. Die 8 Stäbchen der mittleren Etage sind ganz mit Honig gefüllt und zwar 5 durchaus mit bedeckeltem und 3 zur Hälfte mit bedeckeltem und zur Hälfte mit flüssigem Honig. Auf diese Weise erhält ein Stock gegen 40 Pfund Honig, womit das stärkste Volk unter allen Umständen ausreicht.

Man sorge ja dafür, daß die Bienen ihren Honigvorrath dicht um oder über dem Wintersitz haben und nicht über leere Stellen wegrücken müssen, um zu demselben zu gelangen, sonst müssen sie im Winter häufig bei einem größern Honigvorrath verhungern.

Für den Winter muß also im Bienenstocke alles so compakt als möglich gemacht werden.

Fehlt es einem Stocke an Honig, so wird ihm aus einem andern Stocke, der Ueberfluß daran hat, jetzt gleich das Nöthige gegeben, oder wenn ich keine solche Stöcke habe, die Honig entbehren können, so muß jetzt schon und so lange gefüttert werden, bis er seinen Bedarf hat, oder auch das arme Volk wird mit einem andern, das sein Auskommen hat, vereinigt.

Siehe über Fütterung in Abschn. VI. und über Vereinigung unter Abschn. XII.

4. Ein Stock muß für den Winter volksstark sein, damit er seinen Wabenbau belagern und die nöthige Wärme erzeugen kann. Volksstark ist wohl ein Stock der im Herbste 6 Waben auf beiden Seiten belagert. Es läßt sich zwar nicht genau beschreiben, wann ein Stock volksstark oder volksarm ist, man muß dies dem Auge des Bienenzüchters überlassen. Im Allgemeinen gilt die Regel: je volkreicher ein Stock ist, desto besser die Ueberwinterung und je besser die Ueberwinterung, desto größer der Ertrag im nächsten Jahre.

Somit wäre nun das Innere des Bienenstockes für den Winter in Ordnung gebracht. Gehen wir nun zum Aeußern.

Die Herbstvereinigung und Ausfütterung für den Winter müssen, wie bereits bemerkt, Mitte August beendigt sein. Von dieser Zeit an dürfen die Vorfenster und Deckbretter nicht mehr ab= und herausgenommen werden, damit die Bienen alle Fugen und Ritzen noch tüchtig verkitten können und keine Wärme während des Winters entweichen kann.

Wärme ist das Element der Biene, ohne die sie weder

leben noch gedeihen kann! Daher ist auf den guten Verschluß der Wohnung für den Winter besonders zu achten. Der leere Raum hinten im Brutraum, sowie der Honigraum, werden für den Winter mit Heu, Stroh, oder dgl. m. aus= gestopft. Die Bienenwohnung kann von außen gar nicht zu warm für den Winter gemacht werden, was ich schon unter Abschn. III. „über die Bienenwohnungen" gesagt habe. Un= sere Strohkörbe sind viel zu dünnwandig für den Winter und müssen dieselben mit recht dicken Strohkappen überstülpt werden. Diese Kappen sollen, so lange Schnee liegt, über das Flugloch herabhängen, so daß die Sonnenstrahlen nicht auf dasselbe fallen und die Bienen herausgelockt werden, wo sie dann haufenweise auf dem Schnee zu Grunde gehen. Bei Schnee ist der Sonnenschein auch ein Bienenfeind, weßhalb man die Fluglöcher dagegen verdecken muß. Vorausgesetzt, daß die Wohnungen warmhaltig genug gebaut sind, um den Einflüssen des Winters zu widerstehen, so rathe ich, die Stöcke auf ihrem Stande stehen zu lassen und dieselbe nicht, wie es öfter geschieht, in Kellern, Kammern 2c. 2c. einzustellen.

Das Ein= und Ausstellen verursacht viele Mühe, be= unruhigt die Bienen sehr, erfordert ein besonderes, frostfreies, trockenes, völlig dunkeles und ruhig gelegenes Lokal, und dann geschehen beide, das Ein= wie das Auswintern, oft zu frühe oder auch zu spät.

Es ist für die Gesundheit der Bienen von großem Nutzen, wenn sie spät im Herbste noch ausfliegen können, um sich zu reinigen, daher darf die Einwinterung eigentlich vor dem Eintritte des Winters nicht vorgenommen werden. Ist aber derselbe eingetreten, so ist eine Beunruhigung den Bie= nen immerhin schädlich. Kommen nun im Januar, Februar, oder März solche Tage, an denen des Nachbars Bienen auf freiem Stande Reinigungsausflüge halten, so bringt man dann auch schnell seine Bienen aus dem Winterquartier. Da dieses aber nicht so schnell abgemacht ist, weil ich zu einer nur mäßigen Anzahl von Bienenstöcken ½ bis 1 Tag brauche, um sie wieder auf ihren alten Standort zu bringen, so tritt öfter während dieser Zeit andere Witterung ein, die aufgeregten Bienen wollen jetzt heraus, weil sie einmal aus ihrer Ruhe gestört sind, um sich zu reinigen, allein der Sonnenschein ist weg und die Bienen, die herausfliegen, erstarren, und diejenigen, die im Stocke bleiben, bekommen in den meisten Fällen die Ruhr.

Ich habe mehrmals Bienenstöcke eingestellt und gefunden, daß die Ueberwinterung auf freiem Stande für Bienenstöcke mit starker Volkszahl, reichem Honigvorrath und warmhaltigen Wohnungen vorzuziehen ist.

Druck der C. H. Beck'schen Buchdruckerei in Nördlingen.